Teacher's Manual and Key

SPANISH IS FUN

2ND EDITION   BOOK 1

Heywood Wald, PhD

When ordering this book, please specify either **N 520 T** *or*
SPANISH IS FUN, BOOK 1, SECOND EDITION, TEACHER'S MANUAL.

Dedicated to serving

AMSCO

our nation's youth

AMSCO SCHOOL PUBLICATIONS, INC.
315 Hudson Street/New York, N.Y. 10013

Original songs by Rupert A. Johnson and Cynthia Johnson

ISBN 0-87720-546-9

Printed in the United States of America

Teacher's Manual and Key

SPANISH IS FUN

2ND EDITION   BOOK 1

Cassettes

The cassette program comprises six two-sided cassettes. The voices are those of native speakers of Spanish from Latin-American countries.

Each of the twenty-four lessons in the book includes the following cassette materials:

Oral exercises in four-phased sequences: cue—pause for student response—correct response by native speaker—pause for student repetition.

The narrative or playlet at normal listening speed.

Questions or completions based on the narrative or playlet in four-phased sequences.

The conversation, first at normal listening speed, then by phrases with pauses for student repetition.

The Cassettes (ordering Code N 520 C), with accompanying script, are available separately from the publisher.

Prefatory Note

This *Teacher's Manual and Key* for SPANISH IS FUN, BOOK 1, SECOND EDITION, includes the following materials for the textbook and CUADERNO DE EJERCICIOS:

• Suggestions for presenting the key sections of the twenty-four lessons in the textbook.

• Supplementary explanatory notes that teachers may wish to use in suitable classroom contexts.

• Optional oral exercises not printed in the textbook. These exercises are also part of the cassette program.

• Four original Spanish songs in Lessons 11, 12, 19, and 22. These songs are also included on the cassettes.

• Key to structures and text exercises, including games and puzzles.

• Key to CUADERNO exercises.

• Quizzes to be used after each of the twenty-four lessons in the textbook.

• Key to Quizzes.

• Unit Tests to be used after each of the six parts in the textbook.

• Key to Unit Tests.

Introduction

Vocabulary

We recommend that teachers present approximately half of the lesson vocabulary in one class session. With the aid of supplementary materials (such as pictures and objects), teachers can direct students to repeat two or three times in unison the name of the item in Spanish. Students may then be prompted by gestures and intonation to respond individually to simple questions:

¿Es un lápiz? - Sí, es un lápiz.
¿Es un libro? - No, es un lapiz.
¿Qué es? - Es un lápiz.

As the course progresses and students become more proficient, questions may increase in number and difficulty. Teachers may also wish to recognize varying degrees of readiness among students by individualizing the cue-response sequences.

Structures

Structure is presented inductively in order to encourage students to discover and formulate their own conclusions about grammatical principles. The sequences of questions and directed responses about structure include open "slots" for completion by students. This device is designed to motivate students to observe, compare, reason, and form conclusions. We recommend that the Optional Oral Exercises in this *Manual* be given immediately after the presentation of structures.

Actividades

The exercises (which may be done both orally and in writing) are closely integrated with the learning material in that they follow directly after the material to which they apply. The exercises are designed to make students work actively in the language — hence, **actividades** — whether they practice vocabulary, structure, conversation, or writing. Systematically recycling of lexical and structural elements helps reinforce all materials and develops increasing proficiency as the course progresses. The exercises in the *Cuaderno de ejercicios* provide recombinations of structural and lexical elements for additional written practice closely paralleling the **actividades** in the textbook.

Conversation

The short situational dialogs are intended to encourage communication and self-expression. The utterances are kept short in order to encourage mastery if not memorization.

We suggest that teachers introduce the conversation through dramatization and gestures as well as with visual aids. Encourage students to repeat each line of dialog in unison. If a line is too long, it may be broken into logical parts. Roles may be assigned to groups and individual students and then reversed or reassigned, so that every student has an opportunity to participate. Students may be called upon to articulate and dramatize their own dialogs by changing words and phrases from the original. Teachers may wish to check comprehension by means of an oral exercise.

The lesson conversations are followed by exercises designed to reinforce comprehension and speaking. The dialog exercises, which may be done orally or in writing, provide practice of the elements in the conversation. From this springboard, the primary goal — the ability to apply acquired skills freely — is developed through the **Preguntas personales** and **Información personal,** in which students are encouraged to express themselves about their own lives and experiences.

Reading

The narratives or playlets in the lessons feature new vocabulary and structural elements and reinforce previously learned grammar and expressions. Although these narratives and playlets are intended chiefly to develop reading skill, they are equally suitable for practice in listening compre-hension, speaking, and — through the accompanying **actividades** — writing.

To maintain class interest, each reading passage may be divided into appropriate segments and presented in different ways: the teacher reads; the class repeats phrases in unison after the teacher; individual students are called on to read or repeat; and others.

New vocabulary may be practiced before the reading passage is presented by demonstration through gestures, props, or simple explanation in Spanish by means of synonyms or antonyms. As a last resort, English may be used briefly by the teacher to assure comprehension.

Each reading passage is followed by **actividades** of various types to test comprehension: true-and-false, with students supplying the correct information for a false statement; completions; questions and answers, which may be done orally or in writing. Teachers may wish to expand upon the **actividades** provided in the book by personalizing the materials in addition to those in the text.

Spanish Pronunciation

We recommend that Spanish sounds be practiced as preliminary exercises and as they occur in the lessons. To overcome self-consciousness, students may be asked to practice pronunciation several times in unison. The class may then be divided into halves, then thirds, and then rows for the purpose of repetition, ending with recital by individual students. Teachers may wish to distribute copies of the pronunciation guide to their students.

SPANISH LETTERS	ENGLISH SOUND	EXAMPLES
a	*a* in *father*	casa
e	*a* in *day*	mesa
i	*i* in *meet*	libro
o	*o* in *open*	foto
u	*oo* in *tooth*	mucho
b, v	*b* in *boy*	banco, vaso
c (before a, o, u)	*c* in *cat*	campo, cosa
c (before e, i)	*c* in *cent*	central, cinco
cc	*ks* sound in *accept*	acción
g (before a, o, u)	*g* in *go*	gafas, goma
g (before e, i)	approximately like *h* in *hot*	general
h	always silent	hasta
j	approximately like *h* in *hot*	jardín
l	*l* in *lamp*	lámpara
ll	approximately like *y* in *yes*	caballo
ñ	*ny* in *canyon*	año
qu	*k* in *keep*	que
r	trilled once; phone operator saying *"thrree"*	caro
rr (or r at beginning of a word)	trilled strongly	rico, perro
s	*s* in *see*	rosa
x (before a consonant	*s* in *see*	extra
x (before a vowel)	*ks* in *socks*	examen
y	*y* in *yes*	yo
y (by itself, meaning "and")	*ee* in *meet*	y
z	*s* in *see*	zapato

Some Vowel Combinations

ai, ay	*i* in *kite*	aire
au	*ou* in *how*	auto
ei, ey	*ey* in *they*	reina
oi, oy	*oy* in *boy*	oiga, voy

Primera Parte

Lección 1

Notes: The first lesson presents many cognates. This rather large workable Spanish vocabulary is designed to give students a feeling of confidence right from the start. We suggest that each column of words be practiced separately for pronunciation and meanings. Students should learn each noun with its definite article. After correct pronunciation has been mastered, teachers may wish to practice words by means of gestures, pictures, or other visual cues. The Optional Oral Exercises in this *Manual* and the **actividades** in the students' books reinforce comprehension and acquisition and allow for personalization of the material. By the end of this first lesson, students should already have a sense of accomplishment and success.

Optional Oral Exercises

A. Repeat each noun with the definite article:

1.	padre	6.	disco
2.	madre	7.	escuela
3.	hombre	8.	perro
4.	mujer	9.	televisión
5.	gato	10.	rosa

KEY

1.	*el padre*	6.	*el disco*
2.	*la madre*	7.	*la escuela*
3.	*el hombre*	8.	*el perro*
4.	*la mujer*	9.	*la televisión*
5.	*el gato*	10.	*la rosa*

B. Form a complete sentence, using the given adjectives:

EXAMPLE: grande   **El hotel es grande.**

1.	rápido	4.	famoso
2.	importante	5.	terrible
3.	norteamericano	6.	necesario

7.	tropical	9.	inteligente
8.	popular	10.	sentimental

KEY (Sample responses)

1. *El tren es rápido.*
2. *La lección es importante.*
3. *El presidente es norteamericano*
4. *El actor es famoso.*
5. *El accidente es terrible.*
6. *El perro es necesario.*
7. *La flor es tropical.*
8. *La muchacha es popular.*
9. *El profesor es inteligente.*
10. *La mujer es sentimental.*

C. Give the English meaning of each of the following sentences:

1. El amigo es sincero.
2. El automóvil es grande.
3. El restaurante es terrible.
4. El motor es necesario.
5. El mosquito es tropical.
6. El piano es moderno.
7. La lámpara es importante.

8. La bicicleta es rápida.
9. La hamburguesa es deliciosa.
10. La muchacha es inteligente.

KEY (Answers may be oral or written)

1. *The friend is sincere.*
2. *The car is big.*
3. *The restaurant is terrible.*
4. *The engine is necessary.*
5. *The mosquito is tropical.*
6. *The piano is modern.*
7. *The lamp is important.*
8. *The bike is fast.*
9. *The hamburger is delicious.*
10. *The girl is intelligent.*

Key to *Actividades*

A
1. *el disco*
2. *la radio*
3. *el sombrero*
4. *el periódico*
5. *el teléfono*
6. *la bicicleta*
7. *el plato*
8. *la foto*
9. *el diccionario*
10. *la lámpara*

B
1. *el hospital*
2. *el hotel*
3. *el cine*
4. *el restaurante*
5. *la escuela*
6. *el banco*
7. *el teatro*
8. *la estación*
9. *el parque*
10. *el autobús*
11. *el coche*
12. *el avión*
13. *la motocicleta*
14. *el tren*

C
1. *la*	6. *la*	11. *el*	16. *el*
2. *la*	7. *el*	12. *el*	17. *la*
3. *el*	8. *la*	13. *la*	18. *el*
4. *la*	9. *la*	14. *la*	19. *la*
5. *el*	10. *el*	15. *el*	20. *la*

D
1. *No*	3. *Sí*	5. *Sí*	7. *Sí*
2. *Sí*	4. *Sí*	6. *Sí*	8. *Sí*

E (Sample responses)

1. *importante, grande, moderno*
2. *popular, excelente*
3. *rápido, necesario*
4. *delicioso, excelente*
5. *horrible, terrible*
6. *rápido, necesario, importante*
7. *delicioso, grande*
8. *grande, horrible*
9. *interesante, moderno, popular*
10. *grande, importante, romántico*

F (Sample responses)

1. *clase*	6. *hamburguesa*
2. *actor*	7. *vocabulario*
3. *lección*	8. *flor*
4. *tren*	9. *aeropuerto*
5. *secretaria*	10. *pollo*

Información personal (Sample responses)

1. *Yo soy grande.*	4. *Yo soy popular.*
2. *Yo soy sociable.*	5. *Yo soy sentimental.*
3. *Yo soy inteligente.*	

Key to *Cuaderno* Exercises

A
1. *El actor es popular.*
2. *La música es popular.*
3. *La televisión es popular.*
4. *El presidente es popular.*
5. *El periódico es popular.*
6. *El muchacho es popular.*
7. *La opinión es popular.*
8. *El disco es popular.*
9. *El libro es popular.*
10. *La clase es popular.*

11. *El elefante es inteligente.*
12. *El barbero es inteligente.*
13. *La secretaria es inteligente.*
14. *El profesor es inteligente.*
15. *La muchacha es inteligente.*
16. *El animal es inteligente.*
17. *El estudiante es inteligente.*
18. *El león es inteligente.*
19. *La amiga es inteligente.*
20. *El hombre es inteligente.*

21. *El hotel es grande.*
22. *La bicicleta es grande.*
23. *El piano es grande.*
24. *La universidad es grande.*
25. *El libro es grande.*
26. *El teatro es grande.*
27. *La familia es grande.*
28. *La blusa es grande.*
29. *El banco es grande.*
30. *El aeropuerto es grande.*

B (Sample responses)

1. *La madre es sociable.*
2. *La fiesta es popular.*
3. *El accidente es horrible.*
4. *La lámpara es grande.*
5. *El avión es importante.*
6. *El autobús es excelente.*
7. *El tigre es cruel.*
8. *La mujer es inteligente.*
9. *La fruta es tropical.*
10. *El color es natural.*

C

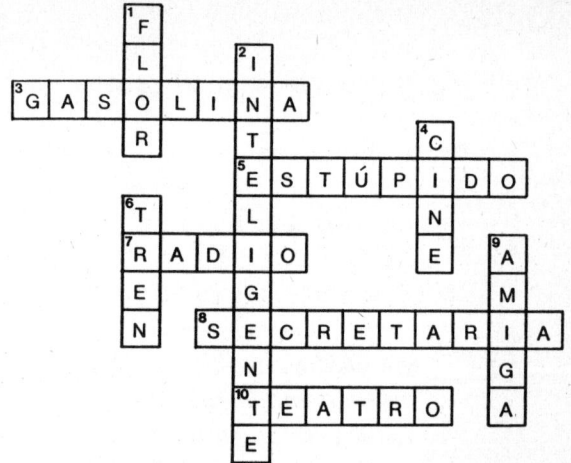

D

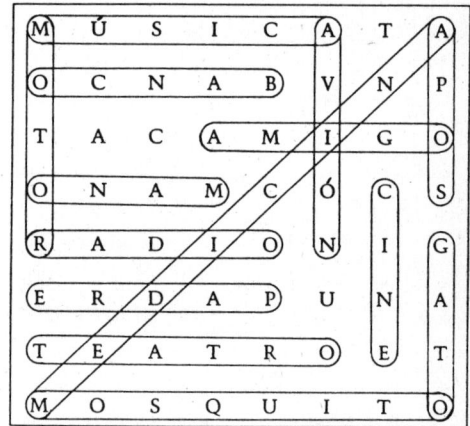

1. *motor*	8. *radio*
2. *música*	9. *padre*
3. *banco*	10. *teatro*
4. *amigo*	11. *gato*
5. *avión*	12. *mosquito*
6. *sopa*	13. *medicina*
7. *mano*	14. *cine*

Quiz 1

Write the Spanish article for each noun:

1. ____ barbero
2. ____ presidente
3. ____ teatro
4. ____ televisión
5. ____ música
6. ____ garaje
7. ____ mosquito
8. ____ amiga
9. ____ cine
10. ____ alumno
11. ____ escuela
12. ____ estudiante
13. ____ profesora
14. ____ hombre
15. ____ opinión
16. ____ mujer
17. ____ teléfono
18. ____ casa
19. ____ medicina
20. ____ tren

Key to Quiz 1

1. *el*   5. *la*   9. *el*   13. *la*   17. *el*
2. *el*   6. *el*   10. *el*   14. *el*   18. *la*
3. *el*   7. *el*   11. *la*   15. la   19. *la*
4. *la*   8. *la*   12. *el/la*   16. *la*   20. *el*

Lección 2

Notes: As an interesting motivational device for this lesson, you may wish to introduce the vocabulary and story with a picture of *your* family and speak briefly about it in Spanish. Students may also be encouraged to bring pictures of their families and talk about them in class.

Optional Oral Exercises

A. Repeat each noun with the definite article:

1. animal
2. rosa
3. secretarias
4. bancos
5. actor
6. aspirinas
7. plato
8. padres
9. gatos
10. hija

KEY

1. *el animal*
2. *la rosa*
3. *las secretarias*
4. *los bancos*
5. *el actor*
6. *las aspirinas*
7. *el plato*
8. *los padres*
9. *los gatos*
10. *la hija*

B. Change from singular to plural:

1. el profesor   2. el abuelo

3. la lámpara   7. el padre
4. la fruta   8. la flor
5. el disco   9. la amiga
6. el sombrero   10. el teatro

KEY

1. *los profesores*   6. *los sombreros*
2. *los abuelos*   7. *los padres*
3. *las lámparas*   8. *las flores*
4. *las frutas*   9. *las amigas*
5. *los discos*   10. *los teatros*

Key to *Actividades*

A 1. *madre*   6. *animales*
   2. *Rosa, Francisco* 7. *abuelos*
   3. *primo*   8. *tío*
   4. *primos*   9. *prima*
   5. *padre*   10. *hermanos*

B 1. *Verdadero.*
   2. *Falso, Carlos es el hijo de Alicia.*
   3. *Falso, Carlos y María son hermanos.*
   4. *Falso, Francisco y María son primos.*
   5. *Falso, María es la prima de Rosa.*
   6. *Verdadero.*
   7. *Falso, Terror es un animal.*
   8. *Verdadero.*
   9. *Falso, Carlos y María son los hijos de Alberto.*
  10. *Falso, el padre de mi madre es mi abuelo.*

C 1. *los padres*   6. *la tía*
   2. *los animales*   7. *los hijos*
   3. *la familia*   8. *el abuelo*
   4. *la abuela*   9. *los primos*
   5. *los hermanos* 10. *los abuelos*

Key to Structures

2 ... What letter did we add to the nouns in Group II? *s* ... In Spanish, if a noun ends in a vowel (**a, e, i, o, u**), just add the letter *s* to the singular form of the noun to make it plural.

3 ... Do the nouns in Group I end in a vowel? *No.* What letters did we add to make them plural? *es* ... In Spanish, if a noun ends in a consonant (for example, **l, n, r**) add the letters *es* to the singular form of the noun to make it plural.

4 ... The plural form of **el** is *los.* The plural form of **la** is *las.* **los** and **las** mean *the.*

5 ... When do you use
el? *Before masculine singular nouns.*
la? *Before feminine singular nouns.*
los? *Before masculine plural nouns.*
las? *Before feminine plural nouns.*

Key to *Actividades*

D 1. *los*   7. *los*   13. el
   2. *las*   8. *las*   14. *la*
   3. *el*   9. *la*   15. *las*
   4. *los*   10. *los*   16. *el*
   5. *la*   11. *el*   17. *los*
   6. *los*   12. *las*   18. *los*

E 1. *las fotos*   11. *los dicccionarios*
   2. *los libros*   12. *las plumas*
   3. *las blusas*   13. *los platos*
   4. *las hamburguesas*   14. *las bicicletas*
   5. *los discos*   15. *las medicinas*
   6. *las flores*   16. *los chocolates*
   7. *las bananas*   17. *los cereales*
   8. *los periódicos*   18. *los sombreros*
   9. *las aspirinas*   19. *las radios*
  10. *las lámparas*   20. *las frutas*

Diálogo

Buenos *días. ¿Cómo te llamas* ?
Me llamo María. *¿Y tú* ?
Me llamo Pablo. *¿Cómo estás*, María?
Bien, gracias. *¿Y tú?*
Regular, María.
Adiós, Pablo. Hasta mañana.

Información personal

Me llamo *Conchita.*
Mi padre se llama *Ricardo.*
Mi madre se llama *Teresa.*
Mis hermanos se llaman *Felipe y Julio.*
Mis hermanas se llaman *Mirta y Elena.*
Mis abuelos se llaman *José y Francisco.*
Mis abuelas se llaman *Carmela y Victoria.*
Mis tíos se llaman *Andrés y Manolo.*
Mis tías se llaman *Gloria y Julia.*
Mis primos se llaman *Jorge y Juan Carlos.*
Mis primas se llaman *Mariela y Maritza.*
Mi perro se llama *Lobo.*
Mi gato se llama *Chiquito.*

Key to *Cuaderno* Exercises

A 1. *Los discos son populares.*
   2. *Los diccionarios son importantes.*
   3. *Las abuelas son simpáticas.*
   4. *Los garajes son excelentes.*
   5. *Las familias son modernas.*
   6. *Los hijos son sociables.*
   7. *Las plazas son ordinarias.*
   8. *Los tigres son crueles.*
   9. *Las flores son naturales.*
  10. *Las bananas son tropicales.*

B 1. *El padre es sincero.*
   2. *El avión es rápido.*
   3. *El médico es excelente.*
   4. *La mujer es norteamericana.*
   5. *La lámpara es magnífica.*

   6. *El actor es popular.*
   7. *El teléfono es necesario.*
   8. *El muchacho es terrible.*
   9. *La fiesta es romántica.*
  10. *El accidente es horrible.*

C 1. *el padre*   3. *el tío*   5. *el hermano*
   2. *la abuela* 4. *la hija* 6. *la prima*

D 1. *d*   3. *c* or *g*   5. *a*
   2. *f*   4. *b*   6. *e*

E 1. *hijo*   5. *hija*   9. *hijo*
   2. *abuelo*   6. *hermana* 10. *hija*
   3. *hermano*   7. *madre*
   4. *madre*   8. *padre*

F 1. *F A M I L I A*
   2. *A B U E L O*
   3. *N E C E S A R I O*
   4. *T Í A*
   5. *A V I Ó N*
   6. *S I M P Á T I C O*
   7. *T E L E V I S O R*
   8. *I M P O R T A N T E*
   9. *C I N E*
  10. *O P I N I Ó N*

G

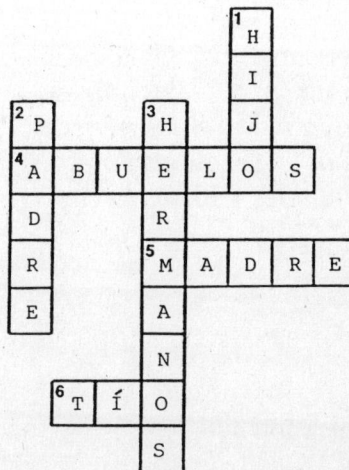

Quiz 2

A. Make the following nouns plural:

1. la abuela _____
2. la familia _____
3. el padre _____
4. el hijo _____
5. el animal _____
6. el color _____
7. el hotel _____
8. la mujer _____
9. la flor _____
10. la lección _____

B. Make the following nouns singular:

1. los discos _____
2. las secretarias _____
3. los leones _____
4. los parques _____
5. los aviones _____
6. las lámparas _____
7. las universidades _____
8. los árboles _____
9. los tíos _____
10. los restaurantes _____

Key to Quiz 2

A
1. *las abuelas*
2. *las familias*
3. *los padres*
4. *los hijos*
5. *los animales*
6. *los colores*
7. *los hoteles*
8. *las mujeres*
9. *las flores*
10. *las lecciones*

B
1. *el disco*
2. *la secretaria*
3. *el león*
4. *el parque*
5. *el avión*
6. *la lámpara*
7. *la universidad*
8. *el árbol*
9. *el tío*
10. *el restaurante*

Lección 3

Notes: Classroom objects may serve as motivational devices for this lesson. Apply the optional oral exercises about the definite article with the vocabulary in this and previous lessons before proceeding to the indefinite article. The lesson narrative may serve as a point of departure for a simple, personalized conversation about your class.

Optional Oral Exercises

A. Repeat each noun with the definite article:

1. alumno
2. papel
3. libro
4. diccionario
5. pluma
6. cuaderno
7. regla
8. pizarra
9. lápiz
10. puerta

KEY

1. *el alumno*
2. *el papel*
3. *el libro*
4. *el diccionario*
5. *la pluma*
6. *el cuaderno*
7. *la regla*
8. *la pizarra*
9. *el lápiz*
10. *la puerta*

B. Change to the plural:

1. la señorita
2. la mesa
3. la ventana
4. la puerta
5. el alumno
6. el cuaderno
7. la lección
8. la pizarra
9. el tren
10. el hermano

KEY

1. *las señoritas*
2. *las mesas*
3. *las ventanas*
4. *las puertas*
5. *los alumnos*
6. *los cuadernos*
7. *las lecciones*
8. *las pizarras*
9. *los trenes*
10. *los hermanos*

C. Change the definite article to the indefinite article:

Example: el lápiz   **un lápiz**

1. la profesora
2. el cine
3. el hijo
4. la banana
5. el parque
6. la escuela
7. la clase
8. el autobús
9. la bicicleta
10. el hospital

KEY

1. *una profesora*
2. *un cine*
3. *un hijo*
4. *una banana*
5. *un parque*
6. *una escuela*
7. *una clase*
8. *un autobús*
9. *una bicicleta*
10. *un hospital*

Key to *Actividades*

A
1. *la puerta*
2. *la profesora*
3. *la ventana*
4. *la tiza*
5. *la silla*
6. *la pizarra*
7. *el lápiz*
8. *los alumnos*
9. *el escritorio*
10. *el papel*

B
1. *Falso. La clase de español es la clase favorita de Ana.*
2. *Falso. El profesor de español se llama Mario Rodríguez.*
3. *Verdadero.*
4. *Falso. El profesor Rodríguez es inteligente.*
5. *Falso. En la clase hay una pizarra inmensa.*
6. *Falso. En la clase hay dos puertas.*
7. *Falso. El padre de Ana es médico.*
8. *Verdadero.*

C
1. *de español*
2. *inteligente y simpática*
3. *muchos alumnos*
4. *un libro, un cuaderno, un lápiz y una pluma*
5. *libro grande*
6. *una pizarra*
7. *profesora*
8. *médico*

Key to Structures

3 . . . What are these two new words? *un* and *una* . . . Are the nouns in Group I singular or plural? *Plural.* How do you know? **el** *is singular.* What does **el** means? *the* . . . Which word has replaced **el**? *un.* What does **un** mean? *a/an.*

4 . . . Are the nouns in Group I singular or plural? *Singular.* How do you know? **la** *is singular.* What does **la** means? *the* . . . Which word has replaced **la**? *una.* What does **una** mean? *a/an.*

5 . . . *un* is used before a masculine noun. . .
una is used before a feminine noun. . .

6 . . . *un* is used. . .
una is used. . .

Key to *Actividades*

D
1. *una*	5. *un*	9. *un*	13. *un*
2. *una*	6. *un*	10. *una*	14. *una*
3. *un*	7. *un*	11. *un*	15. *un*
4. *una*	8. *una*	12. *una*	

E
1. *Es un automóvil.*
2. *Es un perro.*
3. *Es una mujer.*
4. *Es una plaza.*
5. *Es un animal.*
6. *Es un teatro.*
7. *Es una casa.*
8. *Es un garaje.*
9. *Es una flor.*
10. *Es una ambulancia.*
11. *Es una motocicleta.*
12. *Es un autobús.*
13. *Es un parque.*
14. *Es una estación.*
15. *Es un banco.*
16. *Es un árbol.*

F
1. *El señor López es un profesor inteligente.*
2. *Julia es secretaria.*
3. *La madre de Pedro es actriz.*
4. *El padre de Pedro es un médico importante.*
5. *Él es un barbero excelente.*
6. *El hombre es presidente.*

G
1. *un actor*	6. *una secretaria*
2. *una actriz*	7. *una profesora*
3. *un doctor*	8. *un presidente*
4. *un profesor*	9. *una estudiante*
5. *un barbero*	10. *una artista*

H
1. *una profesora*	6. *un jardín*
2. *el café*	7. *el parque*
3. *el cine*	8. *un autobús*
4. *la rosa*	9. *un disco*
5. *la mujer*	10. *el árbol*

Diálogo

Buenos días, profesora. *¿Cómo está Ud.?*
Bien gracias. ¿Y tú?
¡Estupendo! ¿Hay un examen mañana?
Sí, Roberto, pero *no importa.*

¿*Es difícil* el examen?
No, *es muy fácil.* ¿Estás *preparado?*
¡*Claro!* El español es mi clase *favorita.*
¡*Buena suerte!*

Información personal (Sample responses)

1. *un libro*	5. *un papel*
2. *un diccionario*	6. *un cuaderno*
3. *una regla*	7. *una pluma*
4. *un lápiz*	8. *un mapa*

Key to *Cuaderno* Exercises

A
1. *Es un auto.*	6. *Es un perro.*
2. *Es un hotel.*	7. *Es un gato.*
3. *Es una mujer.*	8. *Es un parque.*
4. *Es una bicicleta.*	9. *Es un autobús.*
5. *Es un avión.*	10. *Es una ventana.*

B
1. *Es un escritorio.*	6. *Es una silla.*
2. *Es una regla.*	7. *Es un papel.*
3. *Es un lápiz.*	8. *Es un mapa.*
4. *Es una pluma.*	9. *Es un diccionario.*
5. *Es una pizarra.*	10. *Es una puerta.*

C
1. *un profesor*	6. *una pizarra*
2. *una alumna*	7. *un lápiz*
3. *un papel*	8. *un plato*
4. *una nota*	9. *un sombrero*
5. *una puerta*	10. *una lámpara*

D
1. *la flor*	6. *el mosquito*
2. *el periódico*	7. *el jardín*
3. *la mujer*	8. *la clase*
4. *el animal*	9. *la lección*
5. *la fruta*	10. *el primo*

E

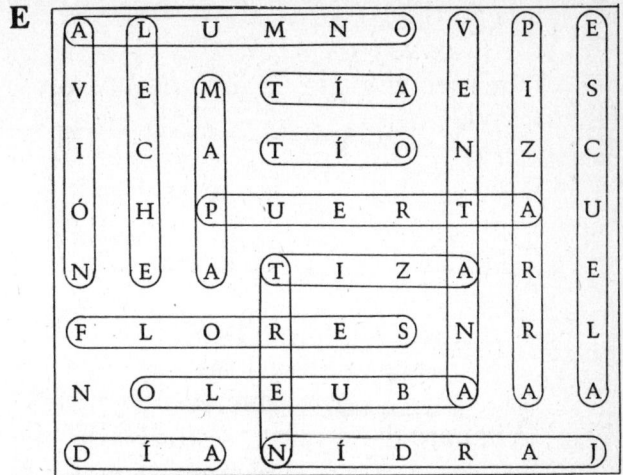

1. *alumno*	7. *día*	12. *ventana*
2. *tía*	8. *avión*	13. *pizarra*
3. *tío*	9. *leche*	14. *escuela*
4. *puerta*	10. *mapa*	15. *jardín*
5. *tiza*	11. *tren*	16. *abuelo*
6. *flores*		

F
1. *Hay un profesor.*
2. *Hay un alumno.*
3. *Hay una alumna.*
4. *Hay una pizarra.*
5. *Hay un libro.*
6. *Hay un cuaderno.*
7. *Hay una silla.*
8. *Hay un mapa.*
9. *Hay una ventana.*
10. *Hay una puerta.*
11. *Hay una pluma.*
12. *Hay un lápiz.*

Quiz 3

Place the indefinite article (**un, una**) before the following nouns:

1. _____ profesor

2. _____ cuaderno

3. _____ silla

4. _____ puerta

5. _____ pizarra

6. _____ regla

7. _____ papel

8. _____ alumno

9. _____ fiesta

10. _____ teatro

11. _____ escritorio

12. _____ ventana

13. _____ automóvil

14. _____ radio

15. _____ color

16. _____ piano

17. _____ lápiz

18. _____ foto

19. _____ hamburguesa

20. _____ aspirina

Key to Quiz 3

1. *un*	6. *una*	11. *un*	16. *un*
2. *un*	7. *un*	12. *una*	17. *un*
3. *una*	8. *un*	13. *un*	18. *una*
4. *una*	9. *una*	14. *una*	19. *una*
5. *una*	10. *un*	15. *un*	20. *una*

Lección 4

Notes: Teachers may wish to have students act out various verbs in this lesson. Students must say in Spanish what they are doing or have others guess what they are doing. Students should use verbs in complete sentences to describe actions. They should also answer in the negative and form questions using inversion.

Teachers may also cue students (or have students cue one another), using intonation to pose questions. Example: **¿Tú hablas?** A student answers: **Yo hablo.** The entire class may then respond in unison: **Él/Ella habla.** Or **¿Ustedes hablan?** − **Nosotros hablamos.** − **Ellos/Ellas hablan.**

Optional Oral Exercises

A. Repeat the sentence with the correct pronoun you hear:

1. Pablo baila en la fiesta.
2. María habla español.
3. Pablo y Pedro entran en la casa.
4. Ana y Margarita escuchan la radio.
5. Roberto y Susana miran la televisión.
6. El muchacho practica el piano.
7. Los profesores trabajan mucho.
8. Las mujeres compran las frutas.
9. Los doctores practican en el hospital.
10. Los alumnos pasan por el parque.

KEY
1. *Él baila en la fiesta.*
2. *Ella habla español.*
3. *Ellos entran en la casa.*
4. *Ellas escuchan la radio.*
5. *Ellos miran la televisión.*
6. *Él practica el piano.*
7. *Ellos trabajan mucho.*
8. *Ellas compran las frutas.*
9. *Ellos practican en el hospital.*
10. *Ellos pasan por el parque.*

B. Express the verb form with the subject you hear:

1. visitar: ellos
2. trabajar: Pablo
3. preguntar: usted
4. practicar: los muchachos
5. pasar: tú
6. mirar: yo
7. estudiar: él
8. desear: ustedes
9. contestar: nosotros
10. cantar: María

KEY
1. *ellos visitan*
2. *Pablo trabaja*
3. *usted pregunta*
4. *los muchachos practican*
5. *tú pasas*
6. *yo miro*
7. *él estudia*
8. *ustedes desean*
9. *nosotros contestamos*
10. *María canta*

C. Express the verb with the subject you hear:

1. bailar: yo
2. cantar: nosotros
3. entrar: tú
4. mirar: el alumno
5. trabajar: ellos
6. visitar: Roberto
7. usar: Ana y José
8. preguntar: él
9. practicar: María y yo
10. contestar: tú

KEY
1. *yo bailo*
2. *nosotros cantamos*
3. *tú entras*
4. *él mira*
5. *ellos trabajan*
6. *Roberto visita*

7. *Ana y José usan*
8. *el alumno pregunta*
9. *María y yo practicamos*
10. *tú contestas*

D. Make these sentences negative:

1. Yo trabajo mucho.
2. El auto usa mucha gasolina.
3. Tú deseas el cuaderno.
4. Usted escucha la radio.
5. Él compra los libros.
6. Pablo practica la lección.
7. Ana y Pedro estudian.
8. Yo miro la televisión.
9. Los alumnos hablan español.
10. El profesor pregunta muchas cosas.

KEY
1. *Yo no trabajo mucho.*
2. *El auto no usa mucha gasolina.*
3. *Tú no deseas el cuaderno.*
4. *Usted no escucha la radio.*
5. *Él no compra los libros.*
6. *Pablo no practica la lección.*
7. *Ana y Pedro no estudian.*
8. *Yo no miro la televisión.*
9. *Los alumnos no hablan español.*
10. *El profesor no pregunta muchas cosas.*

E. Change these sentences to questions:

1. Yo trabajo mucho.
2. El auto usa mucha gasolina.
3. Tú deseas el cuaderno.
4. Usted escucha la radio.
5. Él compra los libros.
6. Pablo practica la lección.
7. Ana y Pedro estudian.
8. Yo miro la televisión.
9. Los alumnos hablan español.
10. El profesor pregunta muchas cosas.

KEY
1. *¿Trabajo yo mucho?*
2. *¿Usa el auto mucha gasolina?*
3. *¿Deseas tú el cuaderno?*
4. *¿Escucha usted la radio?*
5. *¿Compra él los libros?*
6. *¿Practica Pablo la lección?*
7. *¿Estudian Ana y Pedro?*
8. *¿Miro yo la televisión?*
9. *¿Hablan los alumnos español?*
10. *¿Pregunta el profesor muchas cosas?*

F. Directed dialog. Student #1 asks the question, student #2 responds, class responds in unison.

Pregunta a un alumno (una alumna, unos alumnos, unas alumnas) si él (ella, ellos, ellas)

1. habla(n) español.
2. canta(n) en clase.
3. baila(n) en casa.
4. escucha(n) la radio.
5. miran la televisión.
6. trabaja(n) mucho.
7. compra(n) muchas cosas
8. estudia(n) la lección

KEY
1. STUDENT #1:
   ¿Hablas español?
   ¿Habla(n) usted(es) español?
   STUDENT #2
   Sí, yo hablo/nosotros hablamos español.
2. STUDENT #1
   ¿Cantas en clase?
   ¿Canta(n) usted(es) en clase?
   STUDENT #2
   Sí, yo canto/nosotros cantamos en clase.

3. STUDENT #1
¿Bailas en casa?
¿Baila(n) usted(es) en casa?
STUDENT #2
Sí, yo bailo/nosotros bailamos en casa.

4. STUDENT #1
¿Escuchas la radio?
¿Escucha(n) usted(es) la radio?
STUDENT #2
Sí, yo escucho/nosotros escuchamos la radio.

5. STUDENT #1
¿Miras la televisión?
¿Mira(n) usted(es) la televisión?
STUDENT #2
Sí, yo miro/nosotros miramos la televisión.

6. STUDENT #1
¿Trabajas mucho?
¿Trabaja(n) usted(es) mucho?
STUDENT #2
Sí, yo trabajo/nosotros trabajamos mucho.

7. STUDENT #1
¿Compras muchas cosas?
¿Compra(n) usted(es) muchas cosas?
STUDENT #2
Sí, yo compro/nosotros compramos muchas cosas.

8. STUDENT #1
¿Estudias la lección?
¿Estudia(n) usted(es) la lección?
STUDENT #2
Sí, yo estudio/nosotros estudiamos la lección.

NOTE: The procedure for the directed dialog may be extended to (a) negative and (b) third-person singular and plural verb forms.

EXAMPLES: (a) *¿Hablas tú francés?*
No, yo no hablo francés.
(b) *Pregúntale a Pablo si María habla español.*

Student # 1:   *¿Habla María español?*
Student # 2:   *Sí, ella habla español.*
Class in unison: *Sí, ella habla español.*

Key to *Actividades*

A   (Sample responses)

1. *la televisión*	5. *un museo*
2. *una blusa*	6. *la lección*
3. *un disco*	7. *un automóvil*
4. *el piano*	8. *el tren*

B

1. *usted*	5. *ustedes*
2. *tú*	6. *usted*
3. *tú*	7. *ustedes*
4. *usted*	8. *tú*

Key to Structures

3 Which pronoun would you use if you wanted to speak about **Carlos** without using his name? *él*
Which pronoun would you use if you wanted to speak about **María** without using her name? *ella*
Which pronoun would replace **Carlos y Pablo**? *ellos* **María y Ana**? *ellas* **María y Pablo**? *ellos*
. . . Which one would you use to replace **el libro**? *él* **la regla**? *ella*
. . . Which one would you use to replace **los perros**? *ellos* **las casas**? *ellas* **los alumnos y las alumnas**? *ellos*

Key to *Actividades*

C   1. *Él*   3. *Ellos*   5. *Ella*   7. *Ellos*
         2. *Ellos*   4. *Ellas*   6. *Ella*   8. *Él*

Key to Structures

5 . . . which letters are dropped from the infinitive **preparar**? *ar*

yo prepar*o*   nosotros prepar*amos*
                    nosotras prepar*amos*

tú prepar*as*   ustedes prepar*an*

él prepar*a*   ellos prepar*an*
ella prepar*a*   ellas prepar*an*

6 yo pas*o*   nosotros pas*amos*
tú pas*as*
usted pas*a*   ustedes pas*an*
él pas*a*   ellos pas*an*
ella pas*a*

Key to *Actividades*

D 1. *Yo escucho al profesor.*
2. *Yo practico el vocabulario.*
3. *Yo estudio los verbos.*
4. *Yo hablo español.*

E 1. *Nosotros escuchamos música*
2. *Nosotros trabajamos en la casa.*
3. *Nosotros visitamos a los abuelos.*
4. *Nosotros compramos discos.*

F 1. *Tú escuchas la radio.*
2. *Tú compras comida.*
3. *Tú visitas a los amigos.*
4. *Tú hablas por teléfono.*

G 1. *María y José hablan.*
2. *El padre compra el periódico.*
3. *La madre trabaja en el jardín.*
4. *Los tíos toman una limonada.*
5. *El bebé desea leche.*
6. *Los abuelos escuchan un programa.*

H 1. *yo*   I answer
2. *tú*   you arrive
3. *ellos, Uds.*   they, you sing
4. *nosotros*   we walk
5. *yo*   I enter
6. *ellos, Uds.*   they, you look for
7. *él, ella, Ud.*   he, she works; you work
8. *ellos, Uds.*   they, you use
9. *yo*   I ask
10. *tú*   you dance

I 1. *uso*   5. *busca*   8. *llegan*
2. *miras*   6. *cantamos* 9. *entramos*
3. *contesta*   7. *practican* 10. *toman*
4. *pregunta*

J 1. *Él mira el mapa.*
2. *Yo pregunto en la clase.*
3. *Ellas preparan la comida.*
4. *La muchacha practica la guitarra.*
5. *Tú llegas a la casa.*
6. *Ustedes entran en el cine.*
7. *Nosotros bailamos en la fiesta.*
8. *El alumno busca un libro.*
9. *Los muchachos estudian español.*
10. *Usted compra una bicicleta.*

K 1. *escuchan* 5. *visitan* 9. *trabaja*
2. *compro*   6. *buscas*   10. *tomo*
3. *entramos*   7. *canta*   11. *preparan*
4. *llega*   8. *baila*   12. *caminas*

Key to Structures

9 . . . If you want to make a sentence negative in Spanish, which word is placed directly before the verb? *no*

Key to *Actividades*

L 1. *Ella no practica el piano.*
   She doesn't practice the piano.

2. *Nosotros no trabajamos en el jardín.*
   We don't work in the garden.
3. *Tú no contestas el teléfono.*
   You don't answer the phone.
4. *Ellos no escuchan la radio.*
   They don't listen to the radio.
5. *Ustedes no usan lápices.*
   You don't use pencils.
6. *Usted no compra el periódico.*
   You don't buy the newspaper.
7. *El avión no llega al aeropuerto.*
   The plane doesn't arrive at the airport.
8. *Yo no estudio en la universidad.*
   I don't study at the university.
9. *Jaime no desea estudiar español.*
   Jaime doesn't want to study Spanish.

M 1. *d* 4. *j* 7. *c* 10. *k* 13. *a*
     2. *f* 5. *l* 8. *n* 11. *g* 14. *b*
     3. *i* 6. *m* 9. *e* 12. *o* 15. *h*

N 1. *¿Entra la profesora en la clase?*
     2. *¿Trabajas tú en un banco?*
     3. *¿Es Josefina inteligente?*
     4. *¿Prepara la madre la comida?*
     5. *¿Compran Uds. un auto?*
     6. *¿Llegan los tíos al hotel?*
     7. *¿Contestamos nosotras bien?*
     8. *¿Desea Ud. bailar?*
     9. *¿Visita el hermano a la familia?*

O 1. *La profesora no entra en la clase.*
     2. *Tú no trabajas en un banco.*
     3. *Josefina no es inteligente.*
     4. *La madre no prepara la comida.*
     5. *Uds. no compran un auto.*
     6. *Los tíos no llegan al hotel.*
     7. *Nosotras no contestamos bien.*
     8. *Ud. no desea bailar.*
     9. *El hermano no visita a la familia.*

P 1. *Sí, el automóvil es muy importante en los Estados Unidos.*
     2. *No, los muchachos pequeños no usan automóviles.*
     3. *No, un automóvil pequeño no usa mucha gasolina.*
     4. *Usa mucha gasolina.*
     5. *El doctor necesita comprar un automóvil pequeño.*

Preguntas personales (Sample responses)

1. *No, no hablo mucho por teléfono.*
2. *Sí, estudio las lecciones en casa.*
3. *No, no miro la televisión todos los días.*
4. *Sí, contesto bien en la clase.*
5. *Sí, tomo el autobús para ir a la escuela.*

Información personal (Sample responses)

1. *Yo estudio las lecciones en casa.*
2. *Yo no miro mucha televisión.*
3. *Yo contesto bien en la clase.*
4. *Yo hablo español.*
5. *Yo practico las actividades.*
6. *Yo compro muchos libros.*

Diálogo

Hola, Carlos. ¿Cómo estás?
Bien, gracias. ¿Y tú?
Regular. ¿Practicas mucho en la clase de español?
Sí, hablamos español todos los días.
Muy bien. ¿Es necesario estudiar mucho?
Sí. Ahora los alumnos entran en la clase. Adiós.
Adios, Carlos. Hasta mañana.
Hasta luego, Gloria.

Key to *Cuaderno* Exercises

A 1. *Nosotros escuchamos la radio.*
2. *Mamá trabaja en la casa.*
3. *Uds. estudian la lección.*
4. *María practica el piano.*
5. *Mis padres llegan tarde.*
6. *Ud. busca el libro.*
7. *Tú entras en la clase.*
8. *Mi hermano usa el automóvil.*
9. *Yo preparo la comida.*
10. *La profesora habla francés.*

B 1. *Las señoras compran la comida.*
2. *Nosotros caminamos mucho.*
3. *Uds. llegan tarde.*
4. *Ellos entran en la escuela.*
5. *Uds. toman café.*
6. *Las secretarias buscan el papel.*
7. *Ellas practican las frases.*
8. *Mis padres trabajan mucho.*
9. *Nosotros preguntamos en la clase.*
10. *Los barberos usan el teléfono.*

C 1. *El alumno estudia la lección.*
2. *Yo miro el mapa.*
3. *La señorita escucha con atención.*
4. *Ud. llega temprano.*
5. *Ella habla francés.*
6. *Yo compro un automóvil.*
7. *El muchacho entra en el cine.*
8. *Ud. contesta bien.*
9. *Él pregunta mucho.*
10. *La muchacha baila en la fiesta.*

D 1. *La mujer no trabaja en un hospital.*
2. *Mis amigos no llegan tarde.*
3. *Yo no deseo trabajar.*
4. *Uds. no contestan en la clase.*
5. *Mi hermana no camina rápidamente.*
6. *Dolores no baila todos los días.*
7. *Mi mamá no canta en la radio.*
8. *Nosotros no buscamos el papel.*
9. *Juanito y José no son primos.*
10. *Ud. no estudia en casa.*

E 1. *¿Trabajas (tú) en casa?*
2. *¿Camina ella por el parque?*
3. *¿Compran ellos chocolate?*
4. *¿Habla la profesora rápidamente?*
5. *¿Preparan Uds. la comida?*
6. *¿Toma Ud. la medicina?*
7. *¿Escucha María con atención?*
8. *¿Son Uds. norteamericanos?*
9. *¿Mira Ricardo por la ventana?*
10. *¿Entran Julio y Luis por la puerta?*

F 1. *En los Estados Unidos los hombres y las mujeres usan automóviles.*
2. *Para ir al trabajo usan automóviles.*
3. *Los médicos van al hospital en automóvil.*
4. *Los hombres y las mujeres van de compras en automóvil.*
5. *Los automóviles grandes usan mucha gasolina.*
6. *La solución es un automóvil pequeño.*

Quiz 4

A. Change the following infinitives to agree with the subjects:

1. comprar: yo _____   2. escuchar: tú _____

3. hablar: él _____   7. estudiar: ellos _____

4. practicar: ella _____   8. mirar: Uds. _____

5. trabajar: Ud. _____   9. tomar: José _____

6. desear: nosotros _____ 10. visitar: los abuelos _____

B. Change the following statements to questions:

1. Ud. mira la foto. _____

2. Uds. hablan inglés. _____

3. Tú practicas música. _____

4. Ellos desean trabajar. _____

5. Ella escucha la radio. _____

C. Make the following sentences negative:

1. Los alumnos compran libros.

   _____

2. Pepe toma una soda.

   _____

3. Yo visito el parque.

   _____

4. Los muchachos trabajan mucho.

   _____

5. El alumno estudia en la clase.

   _____

Key to Quiz 4

B

A 1. *compro*   5. *trabaja*   8. *miran*
   2. *escuchas*   6. *deseamos*   9. *toma*
   3. *habla*   7. *estudian*   10. *visitan*
   4. *practica*

B 1. *¿Mira Ud. la foto?*
   2. *¿Hablan Uds. inglés?*
   3. *¿Practicas tú música?*
   4. *¿Desean ellos trabajar?*
   5. *¿Escucha ella la radio?*

C 1. *Los alumnos no compran libros.*
   2. *Pepe no toma una soda.*
   3. *Yo no visito el parque.*
   4. *Los muchachos no trabajan mucho.*
   5. *El alumno no estudia en la clase.*

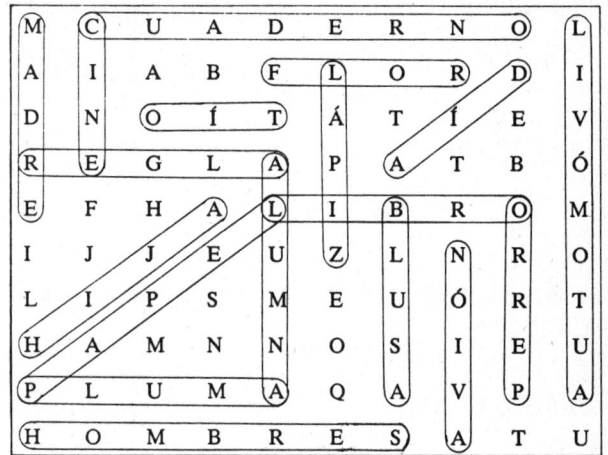

1. *madre*	7. *lápiz*	13. *papel*
2. *cuaderno*	8. *hija*	14. *alumna*
3. *cine*	9. *pluma*	15. *avión*
4. *automóvil*	10. *libro*	16. *blusa*
5. *flor*	11. *hombres*	17. *día*
6. *regla*	12. *perro*	18. *tío*

C 1. *estudia*   5. *practico*   8. *escuchan*
   2. *bailamos*   6. *compra*   9. *trabajan*
   3. *usan*   7. *entran*   10. *preparas*
   4. *hablan*

Repaso I (Lecciones 1-4)

Key to *Actividades*

D

A 1. P E R R O
   2. A U T O M Ó V I L
   3. L E C H E
   4. A L U M N O
   5. B A N C O
   6. R O S A
   7. A M B U L A N C I A
   8. S O P A

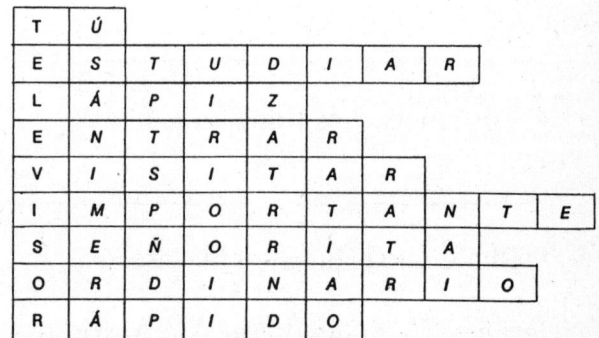

E 1. *una lámpara*   8. *una pluma*
   2. *un gato*   9. *una bicicleta*
   3. *un televisor*   10. *una regla*
   4. *una radio*   11. *una foto*
   5. *un plato*   12. *una blusa*
   6. *un libro*   13. *un elefante*
   7. *un disco*   14. *flores*

F Carlos es un muchacho de *España*. Él habla español en *casa*. La *madre* de Carlos se llama

Alicia; el *padre* se llama Alberto. El padre es *médico*; él trabaja en un *hospital*. Él usa su *automóvil* para ir al *hospital* y visitar a los *enfermos*. La madre de Carlos es *profesora*. Ella trabaja en una *escuela* moderna. Carlos estudia en una *escuela* grande. En la clase él usa muchas cosas: un *lápiz*, una *pluma*, un *libro* y un *diccionario*. Terror y Tigre son dos animales de Carlos. Terror es un *perro* y Tigre es un *gato*.

Unit Test 1 (Lessons 1-4)

A. The following reading passage contains five blank spaces, numbered 1 through 5. For each blank space, four possible completions are provided. Only one of them makes sense in the context of the passage. Choose the completion that makes the best sense and write its letter in the space provided.

En la clase de español hay muchos __(1)__. Es una clase muy interesante. El __(2)__ de español se llama Luis Fuentes. Es una persona inteligente, simpática y muy popular. El profesor Fuentes tiene un diccionario grande en el __(3)__. Cada alumno tiene un __(4)__ de español. En una pared de la clase hay una pizarra. En la otra pared hay una puerta y dos __(5)__.

____ (1) a. profesores
         b. alumnos
         c. pizarras
         d. padres
____ (2) a. diccionario
         b. alumno
         c. mapa
         d. profesor
____ (3) a. papel
         b. escritorio
         c. lápiz
         d. cuaderno
____ (4) a. perro
         b. sombrero
         c. banco
         d. libro
____ (5) a. sillas
         b. tizas
         c. secretarias
         d. ventanas

B. Diálogo

Javier meets Maribel on the way to school. Take the part of Maribel:

Javier: – Buenos días, Maribel. ¿Qué tal?

Maribel: – _____
      (Tell him you're fine and ask how he is.)

Javier: – Regular, gracias. ¿Estás preparada para las clases?

Maribel: – _____
      (Tell him yes and that you study every day.)

Javier: – ¿Cómo se llama tu profesor de español?

Maribel: – _____
      (Say who your Spanish teacher is and that Spanish is your favorite class.)

Javier: – El español es interesante pero es necesario practicar mucho. Hasta luego,
      Maribel.

Maribel: – _____
      (Tell him that it's necessary to speak Spanish every day and that you'll
      see him tomorrow.)

C. Situations. For each situation, four possible completions are provided. Only one of them
makes sense in the context of the situation. Choose the completion that makes the best sense
and write its letter in the space provided:

1. Carlos entra en la clase de español.

   El profesor dice (says):–____

   a. La lámpara es bonita, Carlos.
   b. Yo estudio mucho. ¿Y tú?
   c. ¿Tienes el disco?
   d. Buenos días, Carlos.

2. Felipe y María entran en un restaurante.

   Felipe pregunta:–____

   a. María, ¿preparas la comida?
   b. María, ¿trabajas en la cocina?
   c. María, ¿deseas una ensalada?
   d. María, ¿escuchas la radio?

3. Alberto trabaja en una farmacia.

   Una muchacha le dice:–____

   a. ¿Tiene usted periódicos?
   b. Busco un médico.
   c. Deseo un sandwich.
   d. Necesito comprar una aspirina.

4. Hay una fiesta en casa de Elena.

Uno de los muchachos. . .____

a. estudia con el cuaderno.
b. mira el mapa.
c. compra una flor.
d. baila con Teresa.

5. Jaime llega a la escuela en automóvil.

Los otros alumnos preguntan:−____

a. ¿Compras una bicicleta?
b. ¿Caminas mucho?
c. ¿Trabajas en el cine?
d. ¿Usa mucha gasolina?

D. Composition. Write 5 sentences telling a story about the situation shown in the picture below:

_____

_____

_____

_____

_____

E. Culture Quiz. Complete the following sentences dealing with Hispanic culture:

1. There are almost a quarter of a _____ Spanish-speaking people in the world today.

2. There are _____ independent Spanish-speaking contries.

3. Costa Rica, El Salvador, Guatemala, Honduras, Nicaragua and Panama are part of

   _____ America.

4. If a married woman's name is Ana Gómez de Álvarez, her husband's surname is

   _____ .

5. In the name Juan Ramos Marín, _____ is the father's surname and

   _____ is the mother's maiden name.

6. In Spain, **educación** does not mean *education,* but _____.

7. **Un informe escolar** is a _____; **una nota** is a _____.

8. **Sobresaliente** is the _____ mark one can receive.

9. In Spain and Latin America it's common for friends to _____
   when meeting or departing.

10. *Good-bye* in Spanish is _____; *so long, see you later* is

    _____ or _____ .

Key to Unit Test 1

A 1. *b*   2. *d*   3. *b*   4. *d*   5. *d*

B (Sample responses)

Javier:—   Buenos días, Maribel. ¿Qué tal?
Maribel: — *Muy bien, gracias. ¿Y tú?*

Javier: —   Regular, gracias. ¿Estás
            preparada para las clases?
Maribel: — *Sí, yo estudio mis lecciones
            todos los días.*
Javier: —   ¿Cómo se llama tu profesor
            de español?
Maribel: — *Mi profesor de español se llama
            Luis Carvajal. El español es
            mi clase favorita.*

Javier: – El español es interesante pero
es necesario practicar mucho.
Hasta luego, Maribel.

Maribel: – *Sí, es necesario hablar español*
todos los días. Hasta mañana,
Javier.

El doctor lleva el automóvil al garaje porque
el automóvil usa mucha gasolina.
El automóvil es muy grande.
El doctor necesita comprar un automóvil
pequeño.

C 1. *d*   2. *c*   3. *d*   4. *d*   5. *d*

D (Sample sentences)

El doctor González trabaja en un hospital.
Usa un automóvil para visitar a los
pacientes en casa.

E 1. *billion*   7. *report card; mark*
2. *18*   8. *highest*
3. *Central*   9. *shake hands*
4. *Álvarez*   10. *adios; hasta luego,*
5. *Ramos, Marín*   *hasta la vista*
6. *good manners*

Segunda Parte

Lección 5

Notes: To practice the numbers from 1 to 30, students may use a calendar, guess people's ages in pictures, count play money, recite phone numbers, or formulate mathematical problems that other students answer in complete Spanish sentences.

Optional Oral Exercises

A. Write down the number you hear:

1. tres   6. catorce
2. diez y seis   7. diez y nueve
3. veinte y uno   8. veinte y dos
4. treinta   9. quince
5. ocho   10. trece

KEY

1. *3*   3. *21*   5. *8*   7. *19*   9. *15*
2. *16*   4. *30*   6. *14*   8. *22*   10. *13*

B. Give the number that comes after the number you hear:

1. uno   6. cinco
2. nueve   7. diez
3. veinte y cinco   8. catorce
4. veinte y nueve   9. seis
5. quince   10. diez y nueve

KEY

1. *dos*   6. *seis*
2. *diez*   7. *once*
3. *veinte y seis*   8. *quince*
4. *treinta*   9. *siete*
5. *diez y seis*   10. *veinte*

C. Give the number that comes before the number you hear:

1. diez y siete
2. trece
3. veinte y nueve
4. treinta
5. veinte y cinco
6. catorce
7. diez
8. tres
9. veinte y siete
10. diez y ocho

KEY

1. *diez y seis*
2. *doce*
3. *veinte y ocho*
4. *veinte y nueve*
5. *veinte y cuatro*
6. *trece*
7. *nueve*
8. *dos*
9. *veinte y seis*
10. *diez y siete*

D. ¿Cuántos son

1. dos y cinco?
2. treinta menos siete?
3. veinte dividido por dos?
4. tres por cinco?
5. nueve y cuatro?
6. veinte menos tres?
7. treinta dividido por cinco?
8. cuatro por cuatro?

KEY

1. *Dos y cinco son siete.*
2. *Treinta menos siete son veinte y tres.*
3. *Veinte dividido por dos son diez.*
4. *Tres por cinco son quince.*
5. *Nueve y cuatro son trece.*
6. *Veinte menos tres son diez y siete.*
7. *Treinta dividido por cinco son seis.*
8. *Cuatro por cuatro son diez y seis.*

E. Have students articulate their own math problems to the class.

Key to *Actividades*

A
1. *3*   6. *8*   11. *12*
2. *14*   7. *16*   12. *5*
3. *7*   8. *1*   13. *2*
4. *10*   9. *21*   14. *19*
5. *20*   10. *15*   15. *11*

B
2. *siete-ocho-cero-cinco-ocho-cero-dos*
3. *cinco-nueve-seis-nueve-uno-uno-tres*
4. *cuatro-ocho-seis-tres-siete-tres-nueve*
5. *cuatro-tres-cinco-ocho-siete-dos-cero*
6. *seis-siete-uno-cero-cuatro-dos-nueve*

C
1. *treinta y tres*   7. *diez y ocho*
2. *veinte y cinco*   8. *trece*
3. *diez y siete*   9. *treinta y seis*
4. *veinte y nueve*   10. *doce*
5. *catorce*   11. *veinte y dos*
6. *once*   12. *treinta y uno*

D Teacher cues:
1. veinte   6. catorce
2. treinta   7. trece
3. quince   8. doce
4. diez   9. veinte y uno
5. cinco   10. treinta y uno

KEY
1. *20*   5. *5*   8. *12*
2. *30*   6. *14*   9. *21*
3. *15*   7. *13*   10. *31*
4. *10*

E Teacher cues:
1. three   6. fourteen
2. eight   7. fifteen
3. seven   8. one
4. ten   9. four
5. nine   10. six

KEY

1. *tres*
2. *ocho*
3. *siete*
4. *diez*
5. *nueve*
6. *catorce*
7. *quince*
8. *uno*
9. *cuatro*
10. *seis*

F
1. *15 − 2 = 13*
2. *11 + 10 = 21*
3. *6 × 5 = 30*
4. *12 ÷ 3 = 4*
5. *14 ÷ 2 = 7*
6. *9 + 11 = 20*
7. *16 − 15 = 1*
8. *8 × 3 = 24*
9. *13 × 2 = 26*
10. *5 + 8 + 12 = 25*

G
1. *Veinte y uno y tres son veinte y cuatro.*
2. *Diez y nueve menos dos son diez y siete.*
3. *Cuatro por siete son veinte y ocho.*
4. *Ocho dividido por cuatro son dos.*
5. *Doce y tres son quince.*
6. *Treinta menos cinco son veinte y cinco.*
7. *Cuatro por cinco son veinte.*
8. *Diez y seis dividido por dos son ocho.*
9. *Diez y nueve son diez y nueve.*
10. *Veinte y ocho menos siete son veinte y uno.*

H
1. *diez*
2. *uno*
3. *cuatro*
4. *uno*
5. *quince*
6. *cinco*
7. *dos*
8. *uno*
9. *uno*
10. *diez y siete*

I
1. *once*
2. *nueve*
3. *¿Qué desean ustedes?*
4. *Deseamos un chocolatín grande.*
5. *un dólar treinta centavos*
6. *¿Acepta Ud. un dólar veinte centavos?*
7. *veinte y dos, veinte y tres, veinte y cuatro, veinte y cinco y cinco son treinta.*
8. *el chocolatín*

J

veinte y nueve	*quince*	*catorce*
veinte y cinco	*seis*	*diez y nueve*
veinte y seis	*trece*	*trece*
veinte y uno	*once*	*diez*
treinta	*diez y ocho*	*doce*
diez y siete	*nueve*	*ocho*

Preguntas personales (Sample responses)

1. *Compro chocolatines en la tienda (en el supermercado).*
2. *Un chocolatín grande y fino cuesta un dólar.*
3. *Para ir al cine necesito siete dólares.*

Información personal (Sample responses)

1. *quince*
2. *siete*
3. *dos*
4. *dos*
5. *doce*
6. *diez*
7. *cinco ocho nueve tres cuatro cero cero*
8. *ocho siete tres cinco*
9. *dos*

Diálogo

Deseo comprar un chocolatín
Es una buena idea.
¿Cuánto cuesta?
Cuesta un dólar.
Necesito más dinero.
Aquí tengo 25 centavos.
Perfecto.
Vamos a la tienda.

Key to *Cuaderno* Exercises

A 1. *seis*   6. *diez*
  2. *cuatro*   7. *veinte y tres*
  3. *ocho*   8. *quince*
  4. *dos*   9. *treinta*
  5. *nueve*   10. *catorce*

B 1. *cuatro, cinco, seis*
  2. *ocho, diez, doce*
  3. *siete, nueve, once*
  4. *quince, veinte, veinte y cinco*
  5. *ocho, diez y seis, treinta y dos*
  6. *siete, seis, cinco*

C 1. *nueve, nueve, cuatro, cero, nueve,*
    cinco, dos
  2. *cinco, tres, dos, cero, uno, cinco, siete*
  3. *cuatro, ocho, dos, cinco, uno, nueve*
  4. *seis, cinco, tres, dos, dos, uno, uno*
  5. *tres, nueve, siete, nueve, siete, tres*
  6. *dos, tres, seis, ocho, nueve, uno*
  7. *ocho, dos, ocho, cuatro, siete, dos*
  8. *seis, uno, cinco, dos, seis, seis*

They're looking for license plate #8: 615 266

D 1. *siete, uno, ocho, dos, cero, ocho, tres, ocho,*
    siete, cuatro
  2. *dos, uno, dos, uno, uno, tres, cinco, seis,*
    ocho, siete
  3. *ocho, cero, cinco, tres, cuatro, dos, seis,*
    siete, cero, uno
  4. *cinco, uno, seis, nueve, nueve, ocho, tres,*
    dos, uno, cuatro
  5. *tres, cero, siete, siete, seis, tres, ocho,*
    cinco, dos, cero
  6. *ocho, cero, uno, cinco, siete, seis, uno, uno,*
    uno, tres
  7. *ocho, nueve, cero, ocho, nueve, cero, dos,*
    dos, dos, dos

  8. *dos, cero, uno, cuatro, tres, cuatro, uno,*
    cero, uno, cero
  9. *ocho, uno, siete, tres, dos, cinco, seis, seis,*
    nueve, cero
 10. *seis, cero, nueve, dos, dos, cero, ocho, tres,*
    uno, cuatro

E 1. *Nueve menos cinco son cuatro.*
  2. *Ocho y uno son nueve.*
  3. *Quince dividido por cinco son tres.*
  4. *Cuatro por tres son doce.*
  5. *Treinta menos veinte son diez.*
  6. *Diez y seis y dos son diez y ocho.*
  7. *Treinta dividido por tres son diez.*
  8. *Catorce por dos son veinte y ocho.*
  9. *Diez y nueve menos uno son diez y ocho.*
 10. *Once y cero son once.*

F   Gigantes   Atléticos

  1. *cero*   *uno*
  2. *cero*   *tres*
  3. *uno*   *cero*
  4. *dos*   *cero*
  5. *uno*   *uno*
  6. *cero*   *dos*
  7. *cero*   *cero*
  8. *cero*   *cero*
  9. *cinco*   *uno*

Anotación final: Los Gigantes: *nueve*
                       Los Atléticos: *ocho*

G 1. *Sí.*
  2. *No, cinco por cinco son veinte y cinco.*
  3. *No, nueve menos dos son siete.*
  4. *Sí.*
  5. *Sí.*
  6. *Sí.*
  7. *Sí.*
  8. *No, diez dividido por diez es uno.*

9. *No, quince y catorce son veinte y nueve.*
10. *Sí.*

H			**I**	
	1. *uno*	*tres*		1. *Es el día nueve.*
	2. *cuatro*	*seis*		2. *Es el día siete.*
	3. *siete*	*nueve*		3. *Es el día primero.*
	4. *nueve*	*once*		4. *Es el día diez y ocho.*
	5. *once*	*trece*		5. *Es el día veinte y cuatro.*
	6. *catorce*	*diez y seis*		6. *Es el día seis.*
	7. *diez y seis*	*diez y ocho*		7. *Es el día veinte y ocho.*
	8. *diez y nueve*	*veinte y uno*		8. *Es el día veinte y nueve.*
	9. *veinte y dos*	*veinte y cuatro*		9. *Es el día veinte y dos.*
	10. *veinte y ocho*	*treinta*		10. *Es el día cuatro.*

Quiz 5

Write the following numbers in Spanish:

1. 7_____

2. 10 _____

3. 17 _____

4. 6_____

5. 16 _____

6. 1_____

7. 15 _____

8. 2_____

9. 18 _____

10. 8 _____

11. 12 _____

12. 20 _____

13. 25 _____

14. 9 _____

15. 11 _____

16. 3 _____

17. 13 _____

18. 4 _____

19. 14 _____

20. 30 _____

Key to Quiz 5

1. *siete*	11. *doce*
2. *diez*	12. *veinte*
3. *diez y siete*	13. *veinte y cinco*
4. *seis*	14. *nueve*
5. *diez y seis*	15. *once*
6. *uno*	16. *tres*
7. *quince*	17. *trece*
8. *dos*	18. *cuatro*
9. *diez y ocho*	19. *catorce*
10. *ocho*	20. *treinta*

Lección 6

Notes: This lesson dealing with "how to tell time" has been organized in such a way that teachers can progress as quickly or as slowly as class readiness requires. The basic clock patterns are presented one at a time, along with separate sets of **actividades**. A large model clock may be useful for audiolingual practice. Personalized conversation may be encouraged by having students pass the clock around while they ask each other when they perform certain activities.

Optional Oral Exercises

A. Give the number that comes after the number you hear:

1. trece	6. once
2. cinco	7. veinte y nueve
3. nueve	8. catorce
4. diez y seis	9. doce
5. veinte y cuatro	10. siete

KEY

1. *catorce*	6. *doce*
2. *seis*	7. *treinta*
3. *diez*	8. *quince*
4. *diez y siete*	9. *trece*
5. *veinte y cinco*	10. *ocho*

B. Give the number that comes before the number you hear:

1. diez y siete	6. siete
2. quince	7. catorce
3. dos	8. veinte y seis
4. veinte	9. trece
5. cinco	10. once

KEY

1. *diez y seis*	6. *seis*
2. *catorce*	7. *trece*
3. *uno*	8. *veinte y cinco*
4. *diez y nueve*	9. *doce*
5. *cuatro*	10. *diez*

C. Give these times in Spanish (Teacher may give the times in English or display them on a clock.):

1. 12:00 noon
2. 12:00 midnight
3. 7:35
4. 10:20
5. 9:45
6. 6:30
7. 3:50
8. 8:10
9. 2:55
10. 4:40
11. 11:15
12. 1:25

KEY

1. *Es mediodía.*
2. *Es medianoche.*
3. *Son las ocho menos veinte y cinco.*
4. *Son las diez y veinte.*
5. *Son las diez menos cuarto.*
6. *Son las seis y media.*
7. *Son las cuatro menos diez.*
8. *Son las ocho y diez.*
9. *Son las tres menos cinco.*
10. *Son las cinco menos veinte.*
11. *Son las once y cuarto.*
12. *Es la una y veinte y cinco.*

Key to Structures

1   7:00   8:00   9:00
Son las siete.   Son las ocho.   Son las nueve.

   10:00   11:00
Son las diez.   Son las once.

2 ... What time it is?" in Spanish?
   ¿Qué hora es?

... when saying it is one o'clock? *Es.*

... when saying any other hour? *Son.*

... "it is noon"? *Es mediodía.*

... "it is midnight"? *Es medianoche.*

3 ... after the hour?
The hour plus y plus minutes.

4 ... 3:17   *Son las tres y diez y siete.*
   4:23   *Son las cuatro y veinte y tres.*
   5:06   *Son las cinco y seis.*
   12:20 *Son las doce y veinte.*
   1:13   *Es la una y trece.*
   11:10 *Son las once y diez.*
   7:05   *Son las siete y cinco.*

5 How do you express time before the hour?
The next hour plus menos less minutes.

6 ... 2:36   *Son las tres menos veinte y cuatro.*
   7:58   *Son las ocho menos dos.*
   3:40   *Son las cuatro menos veinte.*
   6:50   *Son las siete menos diez.*
   12:55 *Es la una menos cinco.*
   9:47   *Son las diez menos trece.*
   11:39 *Son las doce menos veinte y uno.*

7 ... word for "a quarter"? *cuarto*
"a quarter after"? *y cuarto*
... "a quarter to"? *menos cuarto*

... 4:15   *Son las cuatro y cuarto.*
11:45 *Son las doce menos cuarto.*
3:45   *Son las cuatro menos cuarto.*
7:15   *Son las siete y cuarto.*
9:45   *Son las diez menos cuarto.*
12:15 *Son las doce y cuarto.*

8 ... word for "half past"? *y media*

... "half past the hour"? *la una y media*

... 3:30   *Son las tres y media.*
11:30   *Son las once y media.*
 8:30   *Son las ocho y media.*
 2:30   *Son las dos y media.*

(7)

(8)

(9)

Key to *Actividades*

A   1. *12:35*   5. *9:05*
        2. *11:15*   6. *1:30*
        3. *12:00*   7. *3:20*
        4. *9:49*   8. *11:45*

B   1. *Son las dos menos cuarto.*
        2. *Son las diez menos diez.*
        3. *Son las cinco menos veinte y cinco.*
        4. *Son las once menos veinte.*
        5. *Son las ocho y diez y siete.*
        6. *Son las cuatro y cuarto.*
        7. *Son las doce y cinco.*
        8. *Son las seis y veinte.*
        9. *Son las diez y diez.*
       10. *Son las dos y nueve.*

Key to Structures

9 ... which Spanish word do you use before the time? *a*

10 ... "in the morning" or "A.M." in Spanish? *de la mañana*

... "in the afternoon" or "P.M."? *de la tarde*

... "in the evening"? *de la noche*

Key to *Actividades*

D 2. *7:15 A.M.*   5. *3:00 P.M.*   8. *9:50 P.M.*
       3. *8:10 A.M.*   6. *8:00 P.M.*   9. *10:15 P.M.*
       4. *12:00 P.M.* 7. *7:05 P.M.* 10. *12:00*

E (Sample responses)

1. *Llego a la escuela a las siete y media.*
2. *Entro a la clase de español a las nueve.*
3. *Hablo por teléfono con mi amigo a las tres.*
4. *Escucho la radio a las cuatro.*
5. *Preparo las tareas a las cinco y media.*
6. *Llego a la casa a las tres y media.*
7. *Miro mi programa favorito de televisión a las siete.*
8. *Estudio las lecciones de español a las cinco.*

C

(1)

(2)

(3)

(4)

(5)

(6)

F (Sample responses)

1. *Mi clase de inglés es a las ocho y media.*
2. *Mi clase de historia es a las nueve y cuarto.*
3. *Mi clase de matemáticas es a las diez.*
4. *Mi clase de música es a las once menos veinte.*
5. *Mi clase de biología es a la una y cuarto.*
6. *Mi clase de arte es a las dos menos diez.*

G 1. *Juan pregunta:—¿Qué hora es?*
2. *Son las ocho y diez.*
3. *Son las nueve y media.*
4. *El reloj de Juan no anda bien.*
5. *Hay un examen en la clase de inglés.*
6. *Hoy es sábado.*

Preguntas personales (Sample responses)

1. *Son las diez.*
2. *Llego a la escuela a las ocho.*
3. *Mi clase de español empieza a las once.*
4. *Mi clase de inglés empieza a las diez.*
5. *Preparo las tareas a las cinco.*

Información personal (Sample responses)

1. *a las seis y media.*
2. *a las siete.*
3. *a las siete y media.*
4. *a las tres y media.*
5. *a las diez.*

Diálogo (Sample responses)

¿Qué hora es?
Son las siete y media.
Es tarde.
¿Por qué?
Hay una fiesta.
¿Cuándo es la fiesta?

El viernes a las siete.
Hoy es sábado, tonto.

Key to *Cuaderno* Exercises

A 1. *El tren llega a Barcelona a las siete y veinte y cinco de la manana.*
2. *El tren llega a Málaga a las ocho y veinte de la mañana.*
3. *El tren llega a Zaragoza a las doce y cuarto de la mañana.*
4. *El tren llega a Bilbao a las cinco menos veinte y uno de la tarde.*
5. *El tren llega a Granada a las seis menos diez de la mañana.*
6. *El tren llega a Cádiz a la una y diez y siete de la tarde.*
7. *El tren llega a Burgos a las seis y doce de la mañana*
8. *El tren llega a Salamanca a medianoche.*
9. *El tren llega a Segovia a las dos y treinta de la tarde.*
10. *El tren llega a Toledo a las once menos cuarto de la noche.*

B 1. *A las ocho y media.*
2. *A las nueve y cuarto.*
3. *A las once y diez.*
4. *A las once menos cuarto.*
5. *A las cuatro.*
6. *A las cuatro y media.*
7. *A las seis y media.*

C (Sample responses)

1. *Sí, estudio las lecciones a las cuatro de la tarde.*
2. *No, entro a la clase a las ocho de la mañana.*
3. *No, hablo por teléfono a las seis de la tarde.*
4. *No, preparo las tareas a las cinco.*

5. *No, llego a la casa a las cuatro y media.*
6. *No, miro la televisión a las nueve.*
7. *No, tomo el desayuno a las siete y media.*
8. *No, termino las clases a las tres.*
9. *No, escucho la radio a las cinco y media de la tarde.*
10. *No, compro chocolate a las once de la mañana.*

E 1. *El vuelo de Aeroperú llega a la una.*
2. *El vuelo de Mexicana llega a las tres menos cuarto.*
3. *El vuelo de Aerolíneas Argentinas llega a las siete y media.*
4. *El vuelo de Iberia llega a las doce y cuarto.*
5. *El vuelo de AeroMéxico llega a las tres y diez.*
6. *El vuelo de Dominicana llega a las nueve menos diez.*
7. *El vuelo de Ecuatoriana sale a las diez.*
8. *El vuelo de Avianca sale a las nueve y veinte y cinco.*
9. *El vuelo de Viasa sale a las cinco menos veinte y cinco.*
10. *El vuelo de Varig sale a las once y veinte.*

D 1. *Llega a Granada a las nueve y cuarto.*
   Sale de Granada a las nueve y veinte.
2. *Llega a Córdoba a las diez y veinte.*
   Sale de Córdoba a las diez y treinta y cinco.
3. *Llega a Valencia al mediodía.*
   Sale de Valencia a las doce y media.
4. *Llega a Toledo a las dos menos cuarto.*
   Sale de Toledo a las dos.
5. *Llega a Madrid a las tres menos diez.*
   Sale de Madrid a las tres y cinco.
6. *Llega a Segovia a las cuatro menos cinco.*
   Sale de Segovia a las cuatro y diez.
7. *Llega a Burgos a las cinco y cinco.*
   Sale de Burgos a las cinco y veinte.
8. *Llega a Bilbao a las seis y media.*

F 2. *a las seis y media*
3. *a las siete y diez*
4. *a las ocho*
5. *a las nueve y cuarto*
6. *a las doce y media*
7. *a las dos*
8. *a las cuatro menos cuarto*
9. *a las seis menos diez*
10. *a las ocho menos veinte y cinco*

Quiz 6

Express the following times in Spanish:

1. It is 1:00 P.M. _____

2. It is 2:30 A.M. _____

3. It is 3:15 P.M. _____

4. It is 4:20 P.M. _____

5. It is 5:35 A.M. _____

6. It is 6:45 P.M. _____

7. It is 10:55 A.M. _____

8. It is 8:10 P.M. _____

9. It is 9:05 P.M. _____

10. It is noon. _____

11. at midnight _____

12. at 10:00 at night _____

13. at 5:00 in the afternoon _____

14. at 4:00 in the morning _____

15. at 7:18 in the evening _____

16. What time is it? _____

Key to Quiz 6

1. *Es la una de la tarde.*
2. *Son las dos y media de la mañana.*
3. *Son las tres y cuarto de la tarde.*
4. *Son las cuatro y veinte de la tarde.*
5. *Son las seis menos veinte y cinco de la mañana.*
6. *Son las siete menos cuarto de la noche.*
7. *Son las once menos cinco de la mañana.*
8. *Son las ocho y diez de la mañana.*
9. *Son las nueve y cinco de la noche.*
10. *Es mediodía.*
11. *a medianoche*
12. *a las diez de la noche*
13. *a las cinco de la tarde*
14. *a las cuatro de la mañana*
15. *a las siete y diez y ocho de la noche*
16. *¿Qué hora es?*

Lección 7

Notes: The techniques suggested in Lesson 4 may also be applied in this lesson on **-er** verbs. Individualized cue-response sequences should be encouraged wherever possible.

Optional Oral Exercises

A. Express the correct verb form with the subject you hear:

1. aprender: tú
2. beber: Ud.
3. comer: yo
4. creer: nosotros

5. correr: él
6. leer: ellos
7. responder: Luis
8. vender: Ana y José
9. ver: yo
10. comprender: nosotros

KEY

  1. *tú aprendes*
  2. *usted bebe*
  3. *yo como*
  4. *nosotros creemos*
  5. *él corre*
  6. *ellos leen*
  7. *Luis responde*
  8. *Ana y José venden*
  9. *yo veo*
  10. *nosotros comprendemos*

B. Make the following sentences negative:

  1. Tú aprendes español.
  2. Usted bebe soda.
  3. Yo como bananas.
  4. Nosotros sabemos la lección.
  5. Él corre en el parque.
  6. Ellos leen el periódico
  7. Luis responde en la clase.
  8. Ana y José venden frutas.
  9. Yo veo al perro.
  10. Nosotros comprendemos el libro.

KEY

  1. *Tú no aprendes español.*
  2. *Usted no bebe soda.*
  3. *Yo no como bananas.*
  4. *Nosotros no sabemos la lección.*
  5. *Él no corre en el parque.*
  6. *Ellos no leen el periódico.*
  7. *Luis no responde en la clase.*
  8. *Ana y José no venden frutas.*

  9. *Yo no veo al perro.*
  10. *Nosotros no comprendemos el libro.*

C. Change the following sentences to questions:

  1. Tú aprendes español.
  2. Usted bebe soda.
  3. Yo como bananas.
  4. Nosotros sabemos la lección.
  5. Él corre en el parque.
  6. Ellos leen el periódico
  7. Luis responde en la clase.
  8. Ana y José venden frutas.
  9. Yo veo al perro.
  10. Nosotros comprendemos el libro.

KEY

  1. *¿Aprendes tú español?*
  2. *¿Bebe usted soda?*
  3. *¿Como yo bananas?*
  4. *¿Sabemos nosotros la lección?*
  5. *¿Corre él en el parque?*
  6. *¿Leen ellos el periódico?*
  7. *¿Responde Luis en la clase?*
  8. *¿Venden Ana y José frutas?*
  9. *¿Veo yo al perro?*
  10. *¿Comprendemos nosotros el libro?*

Key to Structures

2 . . . You probably noticed that these verbs don't end in **-ar** but in *-er.*

3 yo le*o*   nosotros le*emos*
       tú le*es*
       usted le*e*   ustedes le*en*
       él le*e*   ellos le*en*
       ella le*e*   ellas le*en*

4 *aprendo   comprendo   como*
       aprendes   comprendes   comes

aprende	*comprende*	*come*
aprende	*comprende*	*come*
aprende	*comprende*	*come*
aprendemos	*comprendemos*	*comemos*
aprenden	*comprenden*	*comen*
aprenden	*comprenden*	*comen*
aprenden	*comprenden*	*comen*

9. No comprendo *a* mi amigo
10. No comprendo la pregunta.

Key to *Actividades*

A 1. *Carlos vende discos.*
2. *Tú vendes televisores.*
3. *Nosotros vendemos libros.*
4. *María y Ana venden blusas.*
5. *Usted vende sombreros.*
6. *Rosa vende bicicletas.*

B 1. *Yo como un sandwich.*
2. *Jorge y José comen frutas.*
3. *Tú comes una hamburguesa.*
4. *Ramona come una ensalada.*
5. *Nosotros comemos chocolate.*
6. *Usted come pollo.*

Key to Structures

6 . . . Which is the extra word in the Spanish sentences for which there is no equivalent in the English sentences? *a*

Key to *Actividades*

C 1. Comprendemos el español.
2. Comprendemos *a* la profesora.
3. Yo no veo *al ~~el~~* actor.
4. Yo no veo el avión.
5. Los alumnos escuchan la radio.
6. Los alumnos escuchan *al ~~el~~* Señor Mendoza.
7. María visita *a* la directora.
8. María visita el museo.

D 1. *de doce*
2. *el perro*
3. *come mucho*
4. *vende periódicos*
5. *en la puerta de la casa*
6. *corre a la calle*
7. *enseña trucos a Lobo*
8. *espera en silencio*

E
1. *visitan*	6. *veo*
2. *come*	7. *buscas*
3. *lee*	8. *corren*
4. *bebemos*	9. *practican*
5. *escucha*	10. *aprende*

F 1. *Mis tíos no visitan a mis padres.*
2. *Mi hermano no come una banana.*
3. *Mi papá no lee el periódico.*
4. *Nosotros no bebemos café.*
5. *Usted no escucha un programa en la radio.*
6. *Yo no veo a mi perro en el jardín.*
7. *Tú no buscas una novela para leer.*
8. *Los gatos no corren por la casa.*
9. *Ustedes no practican la lección para mañana.*
10. *El bebé no aprende a caminar.*

G 1. *¿Visitan mis tíos a mis padres?*
2. *¿Come mi hermano una banana?*
3. *¿Lee mi papá el periódico?*
4. *¿Bebemos nosotros café?*
5. *¿Escucha usted un programa en la radio?*
6. *¿Veo yo a mi perro en el jardín?*
7. *¿Buscas tú una novela para leer?*
8. *¿Corren los gatos por la casa?*
9. *¿Practican ustedes la lección para mañana?*
10. *¿Aprende el bebé a caminar?*

H 1. *tú*   6. *yo*
   2. *Uds., ellos, ellas*   7. *nosotros*
   3. *Ud., él, ella*   8. *Ud., él, ella*
   4. *nosotros*   9. *Uds., ellos, ellas*
   5. *yo*   10. *tú*

I (Sample responses)

   1. *Nosotros aprendemos la lección.*
   2. *Juanito vende una bicicleta.*
   3. *Mi gato corre rápido.*
   4. *Ellos comen a las doce.*
   5. *Mi hermana contesta en la clase.*
   6. *Yo bebo mucha leche.*
   7. *Ustedes miran a los perros.*
   8. *Tú ves el automóvil nuevo.*
   9. *Los turistas compran hamburguesas.*
   10. *Las alumnas estudian en casa.*
   11. *El muchacho comprende al profesor.*
   12. *Nosotras leemos una novela.*

J 1. *Los perros aprenden trucos.*
   2. *El señor Pérez vende frutas.*
   3. *Nosotros leemos el periódico.*
   4. *Julia no comprende.*
   5. *El bebé bebe la leche.*
   6. *Yo respondo bien en la clase.*
   7. *Los muchachos comen en la cafetería.*
   8. *Tú corres por el parque.*

Diálogo (Sample responses)

Hola, Paco. ¿Dónde está León, tu perro?
León está en casa. Él come ahora.
León es un perro bonito. ¿Es inteligente?
Oh, sí. Cuando él ve una cosa, aprende
  rápidamente.
Yo necesito un animal en casa. ¿Vendes a
  León?
¿Deseas comprar mi perro?
Sí, ¿cuánto deseas por tu perro?
¡Un millón de dólares!

Preguntas personales (Sample responses)

   1. *No, el español es muy fácil.*
   2. *Sí, respondo siempre bien en clase.*
   3. *Leo novelas románticas.*
   4. *Bebo leche en la cafetería de la escuela.*
   5. *Sí, como mucho cereal.*

Información personal (Sample responses)

   1. *Aprendo mucho en la escuela.*
   2. *Como todos los días en la cafetería.*
   3. *Corro en el parque después de las clases.*
   4. *Respondo siempre en la clase de español.*
   5. *Trabajo en una tienda.*
   6. *Escucho a mi profesora de matemáticas.*

Key to *Cuaderno* Exercises

A 1. *Nosotros aprendemos español.*
   2. *Mamá come muchas frutas.*
   3. *Yo corro por el parque.*
   4. *Ud. responde a la pregunta.*
   5. *Mis padres beben agua fría.*
   6. *Francisco comprende la lección.*
   7. *Los muchachos creen al profesor.*
   8. *Tú vendes la casa.*
   9. *Uds. leen el periódico.*
   10. *Yo veo el tren.*

B 1. *Las alumnas aprenden mucho.*
   2. *Nosotros comemos poco.*
   3. *Uds. corren por la calle.*
   4. *Ellos responden al profesor.*
   5. *Uds. beben café.*
   6. *Las secretarias comprenden las*
      instrucciones.
   7. *Ellas creen el testimonio.*
   8. *Mis padres venden el automóvil.*
   9. *Nosotros leemos el periódico.*
   10. *Los hombres ven el edificio.*

C 1. *El alumno aprende la lección.*
   2. *Yo como chocolate.*
   3. *La señorita corre por la calle.*
   4. *Ud. responde bien.*
   5. *Ella bebe soda.*
   6. *Yo comprendo el examen.*
   7. *El muchacho cree la verdad.*
   8. *Usted vende vino.*
   9. *Él lee el libro.*
  10. *La muchacha ve el restaurante.*

E 1. *¿Aprendes tú las reglas?*
   2. *¿Come ella ensalada?*
   3. *¿Corren ellos rápidamente?*
   4. *¿Responde la profesora a los estudiantes?*
   5. *¿Beben Uds. mucha leche?*
   6. *¿Comprende Ud. la lección?*
   7. *¿Cree María a su prima?*
   8. *¿Venden Uds. animales?*
   9. *¿Lee Ricardo la frase?*
  10. *¿Ven Julio y Luis un perro en el parque?*

D 1. *La mujer no aprende francés.*
   2. *Mis amigos no comen en la cafetería.*
   3. *Yo no corro con mi perro.*
   4. *Uds. no responden en inglés.*
   5. *Mi hermana no bebe mucho café.*
   6. *Dolores no comprende las palabras.*
   7. *Mi hermanito no cree a la maestra.*
   8. *Nosotros no vendemos un escritorio.*
   9. *Juanito y José no leen libros españoles.*
  10. *Uds. no ven mi apartamento.*

F 1. *Pepe es un muchacho de doce años.*
   2. *Lobo es un perro muy inteligente.*
   3. *Es muy grande y come mucho.*
   4. *Pepe trabaja para comprar la comida de Lobo.*
   5. *Pepe vende periódicos todos los días.*
   6. *Y prepara las tareas para la escuela.*

Quiz 7

A. Fill in the correct form of the verbs:

1. (aprender) Mi amigo _____ inglés.

2. (comer) Yo _____ un sandwich.

3. (correr) ¿_____ tú en el parque?

4. (responder) Ella _____ bien.

5. (beber) Él _____ mucho café.

6. (comprender) Nosotros no _____ las reglas.

7. (creer) ¿_____ Ud. la información del periódico?

8. (vender) Ellos _____ la bicicleta.

9. (leer) ¿_____ Uds. muchos libros?

10. (ver) El policía _____ el automóvil.

B. Supply the preposition **a** if needed and make all necessary changes:

1. Yo escucho _____ la radio.

2. Vemos _____ el muchacho.

3. Miro _____ la profesora.

4. Ellos no comprenden _____ el profesor.

5. ¿Buscas tú _____ los perros?

Key to Quiz 7

A 1. *aprende* 6. *comprendemos*
2. *como* 7. *Cree*
3. *Corres* 8. *venden*
4. *responde* 9. *Leen*
5. *bebe* 10. *ve*

B 1. Yo escucho la radio.
2. Vemos *al* e̶l̶ muchacho.
3. Miro *a* la profesora.
4. Ellos no comprenden *al* e̶l̶ profesor.
5. ¿Buscas tú *a* los perros?

Lección 8

Notes: The vocabulary of adjectives in this lesson may be practiced — in addition to the **actividades** — by having students describe television and literary characters, people and objects in newspapers and magazines, and classroom objects.

Optional Oral Exercises

A. Complete the second sentence with the correct form of the adjective:

1. El café es negro. La blusa es __.
2. El automóvil es rojo. La rosa es __.
3. El papel es blanco. La casa es __.
4. El libro es amarillo. La banana es __.
5. El lápiz es anaranjado. La flor es __.
6. El libro es verde. La fruta es __.
7. El cielo es azul. La camisa es __.
8. El automóvil es bonito. La bicicleta es __.
9. El alumno es inteligente. La alumna es __.
10. El hombre es viejo. La mujer es __.

KEY

1. *negra*	5. *anaranjada*	8. *bonita*
2. *roja*	6. *verde*	9. *inteligente*
3. *blanca*	7. *azul*	10. *vieja*
4. *amarilla*		

B. Complete the second sentence with the correct form of the adjective:

1. El perro es pequeño. La mesa es __.
2. El hotel es grande. La casa es __.
3. El trabajo es difícil. La lección es __.
4. El muchacho es estúpido. La muchacha es __.
5. El abuelo es pobre. La abuela es __.

KEY

1. *pequeña*	4. *estúpida*
2. *grande*	5. *pobre*
3. *difícil*	

C. Change to the plural:

EXAMPLE: el gato gordo **los gatos gordos**

1. el hotel moderno
2. el animal grande
3. la fruta tropical
4. el periódico popular
5. la violeta azul
6. el perro feo
7. la señora rica
8. el tomate rojo
9. la calle famosa
10. el árbol verde

KEY
1. *los hoteles modernos*
2. *los animales grandes*
3. *las frutas tropicales*
4. *los periódicos populares*
5. *las violetas azules*
6. *los perros feos*
7. *las señoras ricas*
8. *los tomates rojos*
9. *las calles famosas*
10. *los árboles verdes*

D. Following the example, take out the verb from the first phrase to make a new sentence using the adjective:

EXAMPLE: La rosa es roja.
          Yo compro la rosa roja.

1. El papel es blanco.
2. El café es negro.
3. La flor es bonita.
4. El perro es inteligente.
5. El periódico es interesante.
6. La leche es deliciosa.
7. La fruta es verde.
8. La pluma es amarilla.
9. El auto es rápido.
10. La bicicleta es nueva.

KEY
1. *Yo compro el papel blanco.*
2. *Yo compro el café negro.*
3. *Yo compro la flor bonita.*
4. *Yo compro el perro inteligente*
5. *Yo compro el periódico interesante.*
6. *Yo compro la leche deliciosa.*
7. *Yo compro la fruta verde.*
8. *Yo compro la pluma amarilla.*
9. *Yo compro el auto rápido.*
10. *Yo compro la bicicleta nueva.*

Key to *Actividades*

A	1. *rojo*	3. *blanca*
	2. *amarilla*	4. *verde*

5. *azul*   7. *pardo*
6. *anaranjada*   8. *amarillo*

Key to Structures

2 . . . How do you say in Spanish *The tomato is red? El tomate es rojo.* . . What gender is **el tomate?** *masculine.* . . Which letter does the Spanish masculine form of *red* end in? *o.*

3 . . . What do you notice about the adjectives verde and azul? *They don't change.*

Key to *Actividades*

B (Sample responses)

    1. *azul*   5. *blanca*
    2. *anaranjado*   6. *rojo*
    3. *negro*   7. *amarillo*
    4. *verde*   8. *parda*

C (Sample responses)

    1. *un niño argentino*
    2. *una mujer atractiva*
    3. *un plato delicioso*
    4. *un auto diferente*
    5. *un sombrero elegante*
    6. *un alumno estúpido*
    7. *un libro excelente*
    8. *un actor famoso*
    9. *una casa horrible*
    10. *un parque inmenso*
    11. *una lección importante*
    12. *un profesor inteligente*
    13. *un periódico interesante*
    14. *una escuela magnífica*
    15. *una muchacha moderna*
    16. *un programa necesario*
    17. *un desayuno normal*
    18. *una cosa ordinaria*
    19. *un examen perfecto*
    20. *un restaurante popular*
    21. *una actriz romantica*
    22. *un amigo sociable*
    23. *un bebé tímido*
    24. *una fruta tropical*

D 1. *rica*   5. *amarilla*
    2. *alta*   6. *delicioso*
    3. *bonito*   7. *importante*
    4. *fácil*   8. *magnífico*

E 1. *grande*   6. *pequeña*
    2. *importante*   7. *española*
    3. *difícil*   8. *moderna*
    4. *inmenso*   9. *gordo*
    5. *elegante*   10. *sociable*

Key to Structures

5 . . . How many things are we describing in Group I? *one.* How many things are we describing in Group II? *several.* Which letter did we add to the adjective to express that we are describing more than one? *s* . . . Which letters did we add to the adjectives to express that we are describing more than one? *es.*

Key to *Actividades*

F 1. *Mis abuelos son viejos.*
    2. *La señora rica toma un taxi.*
    3. *Mis hermanos son jóvenes.*
    4. *El jardín tiene rosas blancas.*
    5. *Como un sandwich delicioso.*
    6. *José es bajo y María es alta.*
    7. *El señor lleva un sombrero negro.*
    8. *La pizarra es inmensa.*
    9. *Usted tiene dos gatos flacos.*
    10. *La pregunta es difícil.*

G 1. *c*   5. *d*   8. *f*
     2. *i*   6. *j*   9. *h*
     3. *g*   7. *e*   10. *b*
     4. *a*

H 1. *grande*   6. *pequeño*
     2. *bonita*   7. *inteligente*
     3. *ricos*   8. *italiano*
     4. *difíciles*   9. *roja*
     5. *verdes*   10. *importante*

I 1. *grande*
     2. *modernos*
     3. *importantes, bonitos*
     4. *famoso*
     5. *rojas, blancas, amarillas, rosadas*
     6. *azul*
     7. *tránsito, ruido, gran*

J (Sample responses)

     1. *La ciudad de Nueva York es grande.*
     2. *Las lecciones de español son fáciles.*
     3. *Deseo un automóvil pequeño.*
     4. *En la primavera las hojas de los árboles son verdes.*
     5. *El libro de español es nuevo.*
     6. *El cielo es azul.*
     7. *Sí, yo creo que el chocolate es delicioso.*
     8. *Sí, estudio en una escuela moderna.*
     9. *Las paredes de la clase son blancas.*
    10. *En la ciudad, los taxis son amarillos.*

K (Sample responses)

     1. *inteligente, sociable y rico*
     2. *ordinarios, tímidos y estúpidos*
     3. *flaca, alta y atractiva*
     4. *modernas, elegantes y románticas*

Preguntas personales (Sample responses)

     1. *El libro de español es anaranjado.*
     2. *Dolores es popular en la clase de español.*
     3. *Sí, creo que la clase de español es interesante.*
     4. *Sí, creo que el perro es un animal inteligente.*
     5. *Mi flor favorita es roja.*

Información personal (Sample responses)

     1. *Soy argentino (argentina).*
     2. *Soy moreno (morena), alto (alta) y flaco (flaca).*
     3. *Soy inteligente y sociable.*
     4. *Soy elegante y atractivo (atractiva).*
     5. *Soy un alumno estudioso (una alumna estudiosa).*

Diálogo (Sample responses)

Señor policía, ¿sabe Ud. dónde está el restaurante «España»?
¿Sabe Ud. en qué calle está?
Creo que está en la calle Presidente.
Es un restaurante excelente.
¿Está lejos de aquí?
No. Está a cinco minutos de aquí, en esa dirección.
Muchísimas gracias, señor.
De nada, señorita.

Key to *Cuaderno* Exercises

A 1. *blanco*   4. *anaranjado*   7. *pardo*
     2. *blanco*   5. *verde*   8. *blanco*
     3. *amarillo* 6. *amarillo*   9. *negro*

B (Sample responses)

     1. *La casa es blanca.*
     2. *La carne es roja.*
     3. *La cocina es azul.*

4. *La banana es amarilla.*
5. *La leche es blanca.*
6. *El cielo es azul.*
7. *El océano es azul (verde).*
8. *El teléfono es negro.*

C 1. *un examen necesario*
2. *la muchacha bonita*
3. *los alumnos estúpidos*
4. *el abuelo inteligente*
5. *el señor español*
6. *la actriz francesa*
7. *mi hija atractiva*
8. *los tíos ricos*
9. *las señoritas románticas*
10. *los tomates verdes*

D 1. *estúpida*   5. *flaco*   8. *viejos*
2. *bajo*   6. *inteligente*   9. *blanco*
3. *pobres*   7. *difíciles*   10. *viejos*
4. *morena*

E 1. *alto, bajo*   4. *viejo, nuevo*
2. *fácil, difícil*   5. *bonita, feo*
3. *rico, pobre*   6. *grande, pequeño*

7. *gordo, flaco*   9. *joven, viejo*
8. *alegre, triste*   10. *estúpido, inteligente*

F (Sample responses)

1. *Elena es una muchacha alta. Es gorda.
   Es fea. Es rubia.*
2. *Roberto es un muchacho flaco. Es alto.
   Es estudioso. Es inteligente.*
3. *Antonio es joven. Es gordo.
   Es bajo. Es un muchacho serio.*
4. *Alicia es una señorita sociable.
   Es alta. Es flaca. Es bonita.*

G (Sample responses)

1. *simpático   inteligente   español
   flaco   alto   joven*

2. *el teléfono negro
   las sillas pardas
   las bananas amarillas
   la leche blanca
   los libros azules
   el televisor pardo*

Quiz 8

Complete the sentences in Spanish with the proper form of the adjective:

1. (English) Las señoritas son _____.

2. (green) Los dólares son _____.

3. (blue) Yo veo el mar _____.

4. (easy) Las clases de la señorita López son _____.

5. (young) La mamá de Carmen es muy _____.

6. (small) El mosquito es un insecto _____.

Repaso II

7. (pretty) ¿Son _____ las muchachas?

8. (tall) Mis padres no son _____.

9. (skinny) Pepe tiene una hermana _____.

10. (poor) Los abuelos de Jorge son _____.

Key to Quiz 8

1. *inglesas*   5. *joven*   8. *altos*
2. *verdes*   6. *pequeño*   9. *flaca*
3. *azul*   7. *bonitas*   10. *pobres*
4. *fáciles*

Repaso II (Lecciones 5-8)

Key to *Actividades*

A 1. *bebe*   5. *corremos*   8. *ven*
2. *como*   6. *aprende*   9. *responde*
3. *leemos*   7. *vende*   10. *sabe*
4. *comprende*

B

10 adjectives

azul	fácil	feo
amarillo	gordo	rico
verde	flaco	pobre
bonito		

4 verbs

ver   *leer*   *saber*   *aprender*

4 nouns

paz   *mundo*   *lago*   *cosa*

2 numbers

dos   *treinta*

C

Crossword puzzle — words entered:

Across:
1. SUPERMERCADO
4. LEE
6. BEBER
- DINERO
8. CIUDAD
- RICO
10. PASAS
- UNO
16. JOVEN
17. ALTO

Down:
- SABER
- COMIDA
- CONTATA
- LEER
- CANTA
- CUATRO
- DADO
- BAJO
- CINCO
- VEN

D

dos	=	DÓLARES
tres	=	FELICIDAD
cuatro	=	BUENA SALUD
cinco	=	FAMILIA GRANDE
seis	=	AMOR ETERNO
siete	=	BUENOS AMIGOS
ocho	=	MUCHO DINERO

E

1. *seis-cinco-tres-cuatro-dos-cero*
2. *siete-cuatro-dos-ocho-nueve-cinco*
3. *quince*
4. *veinte y cuatro*
5. *diez y siete*
6. *treinta*

F

1. *Son las siete y media.*
2. *Son las dos y cuarto.*
3. *Son las nueve menos veinte y cinco.*
4. *Son las cuatro y cinco.*
5. *Son las diez menos cuarto.*
6. *Son las once y diez.*
7. *Son las tres y veinte y cinco.*
8. *Son las ocho menos cinco.*

G

B U E N O S D Í A S
D E N A D A
H A S T A M A Ñ A N A
¿C Ó M O T E L L A M A S?
G R A C I A S
A D I Ó S
¿C Ó M O E S T Á S?
P A R A S E R V I R T E

H En *los Estados Unidos* hay muchas *ciudades* grandes. En las ciudades, hay cosas interesantes: *hoteles* modernos, *restaurantes* excelentes, *cines* importantes y *parques* bonitos. En los parques hay *flores* y *plantas* bonitas. Para ir a las partes diferentes de la *ciudad*, los *hombres* y las *mujeres* usan varios medios de transporte. María usa el *tren*, Juan, el *autobús*. Francisco toma un *taxi*. Roberto tiene un *automóvil* pequeño que no usa mucha *gasolina*. Pepito es un *muchacho* de *doce* años. Él no tiene mucho *dinero*. Tiene una *bicicleta* para ir a la *escuela*.

Unit Test 2 (Lessons 5-8)

A. The following reading passage contains five blank spaces, numbered 1 through 5. For each blank space, four possible completions are provided. Only one of them makes sense in the context of the passage. Choose the completion that makes the best sense and write its letter in the space provided.

La capital de México se llama __(1)__. Es muy bonita y moderna. Allí hay __(2)__ grandes con flores y árboles, hoteles internacionales, __(3)__ con toda clase de comidas y también teatros y cines. Es la ciudad de habla __(4)__ más grande del mundo. Pero en la ciudad también hay problemas: mucho tránsito y contaminación del aire, porque hay un gran número de __(5)__.

____ (1) a. Bogotá
b. México
c. Miami
d. Lima

____ (2) a. estaciones
b. tiendas
c. plantas
d. parques

____ (3) a. jardines
b. lagos
c. restaurantes
d. escuelas

____ (4) a. española
b. inglesa
c. italiana
d. francesa

____ (5) a. personas
b. bicicletas
c. animales
d. automóviles

B. Diálogo

Rosita goes into a grocery store to buy a chocolate bar. Take the part of Rosita.

Tendero: — Buenas tardes, señorita: ¿Qué desea comprar?

Rosita: — _____
(Say that you want to buy a chocolate bar.)

Tendero: — Está bien. Aquí tiene uno muy fino.

Rosita: — _____
(Ask him how much it costs.)

Tendero: — Cuesta dos dólares. Es muy grande.

Rosita: — _____
              (Express surprise. Tell him that's a lot of money.)

Tendero: — Bueno, aquí tiene uno más pequeño. Son dos por un dólar.

Rosita: — _____
              (Tell him O.K. and give him the money.)

Tendero: — Gracias, señorita. Hasta pronto.

Rosita: — _____
              (Thank him and say good-bye.)

C. Listening Comprehension.

1. Multiple Choice (English)

   Listen to your teacher read a short passage in Spanish. Then the teacher will read a question in English and pause while you write in the space provided the letter of the best suggested answer to the question, which is also printed on your sheet. Base your answer on the context of the passage only.

   How much does Roberto pay for his bicycle? _____

   a. 13 dollars **b.** 30 dollars **c.** 39 dollars **d.** 35 dollars

2. Multiple Choice (Spanish)

   Listen to your teacher read a short passage in Spanish followed by a question in Spanish. After you have heard the question, read the question and the four suggested answers. Choose the best answer and write its letter in the space provided.

   ¿Cómo es el trabajo de Inés en la clase de matemáticas? _____

   a. bueno **b.** excelente **c.** terrible **d.** regular

3. Multiple Choice (Spanish)

   Listen to your teacher read a short passage in Spanish followed by a question in Spanish. After you have heard the question, read the question and the four suggested answers.

Choose the best answer and write its letter in the space provided.

¿Para qué personas es útil un perro? _____

    a. Para los jóvenes.   **c.** Para los niños.
    b. Para las personas viejas. **d.** Para todos.

4. Multiple Choice (Visual)

After you have heard the question, read the question and look at the four pictures. Choose the picture that best answers the question and write its letter in the space provided:

¿Cuál es la hora correcta? _____

     a   b   c   d

D. Composition. Write a story (8-10 sentences) about the situation shown in the picture below:

_____

_____

_____

_____

_____

_____

_____

_____

_____

E. Culture Quiz. Complete the following sentences with the appropriate word in Spanish:

1. The national currency of Spain is the _____.

2. In Spanish, 2.000 means _____.

3. In Mexico, the national currency is called _____.

4. La **comida** is *lunch* in _____ , but *supper* in

_____.

5. A typical Spanish breakfast consists of buttered toast or _____ and

_____.

6. A late-afternoon or early-evening snack is called _____ in
Spanish.

7. In Spain, hors-d'oeuvres are called _____.

8. Spanish children often drink something called _____,
which consists of black coffee with vanilla ice cream.

9. In Spain, hot coffee with a little milk is called _____.

10. In Spain, black coffee without milk is called _____.

Key to Unit Test 2

A 1. *b*   2. *d*   3. *c*   4. *a*   5. *d*

B (Sample responses)

Tendero: — Buenas tardes, señorita: ¿Qué desea comprar?
Rosita: — *Deseo comprar un chocolatín.*
Tendero: — Está bien. Aquí tiene uno muy fino.
Rosita: — *¿Cuánto es?*
Tendero: — Cuesta dos dólares. Es muy grande.
Rosita: — *¡Ay, madre mía! Es mucho dinero.*
Tendero: — Bueno, aquí tiene uno más pequeño. Son dos por un dólar.
Rosita: — *Está bien. Aquí tiene el dinero.*
Tendero: — Gracias, señorita. Hasta pronto.
Rosita: — *Adiós.*

C 1. Multiple Choice (English)

Procedure: Instruct students to read the directions. Then say: "I will now read the listening-comprehension passage in Spanish twice. Listen carefully. After the passage, I will read a question in English. This question is also printed on your sheet. Look at the question and the four suggested answers on your sheet. Choose the best answer and write its letter in the space provided. Do not read the question and answers while listening to the passage. I will now begin."

Roberto, un muchacho de catorce años, entra en la tienda de bicicletas y habla con el tendero.
—Buenos días, joven. ¿Qué desea?—pregunta el tendero.
—¿Cuánto cuesta la bicicleta roja?—le dice Roberto.
—Es una bicicleta usada, pero es muy fina. Cuesta treinta y nueve dólares.
—Lo siento, señor, pero sólo tengo treinta y cinco dólares. ¿Acepta usted el dinero?
—Está bien. Usted recibe un precio bajo.

How much does Roberto pay for his bicycle? *KEY: d*

2. Multiple Choice (Spanish)

Procedure: Instruct students to read the directions. Then say: "I will now read the listening-comprehension passage in Spanish twice. Listen carefully. After the passage, I will read a question in Spanish. This question is also printed on your sheet. Look at the question and the four suggested answers on your sheet. Choose the best answer and write its letter in the space provided. Do not read the question and answers while listening to the passage. I will now begin."

Inés no es una buena alumna. No estudia mucho y no aprende mucho. Siempre lee novelas románticas en clase. Un día, la profesora pregunta a Inés:—¿Comprendes la lección de hoy? Inés contesta:—No, señorita Rivera. Yo no escucho la clase porque mis novelas románticas son más interesantes y más importantes que las matemáticas. —Ah—responde la profesora, —ahora comprendo todo. Entonces, en el informe escolar no hay problemas: en el amor, diez; en matemáticas, cero.

¿Cómo es el trabajo de Inés en la clase de matemáticas? *KEY: c*

3. Multiple Choice (Spanish)

Procedure: Follow the same procedure as in item 2 above.

¿Tiene usted un perro en casa? ¿Por qué no? Un perro es un animal perfecto. No necesita mucho espacio. No come mucho. No necesita dinero. Es un compañero para las personas viejas, un amigo para los jóvenes y protección para los niños. El perro desea sólo una cosa: amor.

¿Para qué personas es útil un perro? *KEY: d*

4. Multiple Choice (Visual)

Procedure: Instruct the students to read the directions. Then say: "I will now read another short passage and question in Spanish twice. For this question the answers are pictures. Choose the picture that best answers the question and write its letter in the space provided. I will now begin."

Son las nueve y media de la mañana y la mamá de Juanito le pregunta:

— Juanito, ¿no tienes clases hoy?
— Sí — contesta Juanito. — Tengo un examen muy importante en la clase de matemáticas. Pero en mi reloj son las ocho y veinte. Tengo tiempo.
— No, Juanito — contesta su mamá. — Es tarde. Tu reloj no anda bien. Necesitas ir ahora mismo a la escuela.

¿Cuál es la hora correcta? *KEY: b*

D (Sample responses)

*Carmen y José son dos turistas mexicanos.
Desean ver todas las cosas importantes de la ciudad.
En la ciudad hay muchas cosas interesantes: teatros, restaurantes, edificios grandes.
Hay también mucho tránsito y mucho ruido.
Carmen y José viven ahora en un hotel.
Desean ver una película, pero no saben dónde está el cine.
Preguntan al policía.
Desean saber la dirección del cine.*

E 1. *peseta*
2. *dos mil*
3. *pesos*
4. *Spain, Latin America*
5. *churros, café con leche*
6. *la merienda*
7. *tapas*
8. *un blanco y negro*
9. *un cortado*
10. *un café solo*

Tercera Parte

Lección 9

Notes: Ask students to identify the professions of various famous people or to guess a profession being acted out by a student. Using forms of **ser** introduced in this lesson, students may describe themselves, friends, acquaintances, and various professions.

Optional Oral Exercises

A. Express the correct form of the verb **ser** with the subject you hear:

1. nosotros	6. usted
2. ellos	7. ella
3. yo	8. Juan
4. María	9. Francisco y Luis
5. tú	10. las muchachas

KEY

1. *nosotros somos*
2. *ellos son*
3. *yo soy*
4. *María es*
5. *tú eres*
6. *usted es*
7. *ella es*
8. *Juan es*
9. *Francisco y Luis son*
10. *las muchachas son*

B. Make the following sentences negative:

1. Nosotros somos bomberos
2. Ellos son profesores.
3. Yo soy cartero.
4. María es dentista.
5. Tú eres médico.
6. Usted es policía.
7. Ella es actriz.
8. Juan es médico.
9. Francisco y Luis son enfermeros.
10. Las muchachas son alumnas.

KEY

1. *Nosotros no somos bomberos*
2. *Ellos no son profesores.*
3. *Yo no soy cartero.*
4. *María no es dentista.*
5. *Tú no eres médico.*
6. *Usted no es policía.*
7. *Ella no es actriz.*
8. *Juan no es médico.*
9. *Francisco y Luis no son enfermeros.*
10. *Las muchachas no son alumnas.*

C. Change the following sentences to questions:

1. Nosotros somos bomberos
2. Ellos son profesores.
3. Yo soy cartero.
4. María es dentista.
5. Tú eres médico.
6. Usted es policía.
7. Ella es actriz.
8. Juan es médico.
9. Francisco y Luis son enfermeros.
10. Las muchachas son alumnas.

KEY

1. ¿Somos nosotros bomberos?
2. ¿Son ellos profesores?
3. ¿Soy yo cartero?
4. ¿Es María dentista?
5. ¿Eres tú médico?
6. ¿Es usted policía?
7. ¿Es ella actriz?
8. ¿Es Juan médico?
9. ¿Son Francisco y Luis enfermeros?
10. ¿Son las muchachas alumnas?

D. Directed dialog. See Lesson 4, Optional Oral Exercise F, for full procedure.

Pregúntale a un alumno (una alumna) si es

1. abogado(a)   6. camarero(a)
2. médico(a)   7. artista
3. enfermero(a)   8. dentista
4. cartero(a)   9. profesor(a)
5. policía   10. actor (actriz)

KEY

1. STUDENT #1
   ¿Eres abogado(a)?
   ¿Es usted abogado(a)?
   STUDENT #2
   Sí, soy abogado.
2. STUDENT #1
   ¿Eres médico(a)?
   ¿Es usted médico(a)?
   STUDENT #2
   Sí, soy médico(a).
3. STUDENT #1
   ¿Eres enfermero(a)?
   ¿Es usted enfermero(a)?
   STUDENT #2
   Sí, soy enfermero(a).

4. STUDENT #1
   ¿Eres cartero(a)?
   ¿Es usted cartero(a)?
   STUDENT #2
   Sí, soy cartero(a).
5. STUDENT #1
   ¿Eres policía?
   ¿Es usted policía?
   STUDENT #2
   Sí, soy policía.
6. STUDENT #1
   ¿Eres camarero(a)?
   ¿Es usted camarero(a)?
   STUDENT #2
   Sí, soy camarero(a).
7. STUDENT #1
   ¿Eres artista?
   ¿Es usted artista?
   STUDENT #2
   Sí, soy artista.
8. STUDENT #1
   ¿Eres dentista?
   ¿Es usted dentista?
   STUDENT #2
   Sí, soy dentista.
9. STUDENT #1
   ¿Eres profesor(a)?
   ¿Es usted profesor(a)?
   STUDENT #2
   Sí, soy profesor(a).
10. STUDENT #1
    ¿Eres actor (actriz)?
    ¿Es usted actor (actriz)?
    STUDENT #2
    Sí, soy actor (actriz).

NOTE: The procedure for the directed dialog may be extended to negative, plural, and third-person verb forms.

Key to *Actividades*

A
1. *una médico*
2. *una abogada*
3. *un secretario*
4. *un dentista*
5. *una actriz*
6. *un policía*
7. *un cartero*
8. *un bombero*
9. *una profesora*
10. *una enfermera*

B
1. *una cartera*
2. *un actor*
3. *una secretaria*
4. *un abogado*
5. *una policía*
6. *un médico*
7. *un profesor*
8. *una dentista*
9. *un artista*
10. *una camarera*

C
1. *Los edificios son grandes.*
2. *Nosotras somos amigas.*
3. *Lobo es un perro pequeño.*
4. *Ud. es una persona alegre.*
5. *Ellos son inteligentes.*
6. *Carlos es alto y flaco.*
7. *Mis abuelos son actores de cine.*
8. *Yo soy presidente de la clase.*
9. *Ella es una artista famosa.*
10. *La casa es fea y vieja.*

D (Sample responses)
1. *Hunter es policía.*
2. *Bill Cosby es actor.*
3. *La señorita Smith es profesora.*
4. *Mi padre es bombero.*
5. *Mi hermana es secretaria.*

E
1. *es*
2. *es, es*
3. *somos*
4. *son*
5. *somos*
6. *soy, es*
7. *son, son*
8. *eres, Eres*
9. *eres, eres, soy*

F (Sample responses)
1. *Soy sociable.*
2. *Soy alto.*
3. *No, no somos franceses.*
4. *Somos pobres.*
5. *Soy una persona alegre.*

G
1. *Falso, el profesor López es el profesor de la clase.*
2. *Falso, Juan Alemán es mexicano.*
3. *Verdadero.*
4. *Falso, Juan Alemán habla español en casa.*
5. *Falso, la madre trabaja en un hospital.*
6. *Falso, el padre trabaja en una estación de servicio.*
7. *Verdadero.*
8. *Verdadero.*
9. *Verdadero.*

H
1. *Juan Alemán es un alumno nuevo.*
2. *La familia de Juan habla español.*
3. *El profesor López habla inglés y español.*
4. *El padre de Juan trabaja en una estación de servicio.*
5. *La madre de Juan trabaja en un hospital.*
6. *Los alumnos de la clase son buenos y simpáticos.*

Diálogo (Sample responses)

¿Cómo te llamas?
Me llamo Miguel.
¿De qué nacionalidad eres?
Soy mexicano.
¿Hablas inglés?
Sólo un poco.
En mi clase todo el mundo habla español.
¡Estupendo! Pero quiero aprender inglés pronto.

Preguntas personales (Sample responses)

1. *Soy joven y simpático.*
2. *Sí, creo que soy inteligente.*
3. *No, no soy muy fuerte.*
4. *Sí, creo que es necesario estudiar todos los días.*
5. *Mi profesora es muy buena y simpática.*

Información personal (Sample responses)

1. *un actor - Su trabajo es interesante.*
2. *una enfermera - Trabaja en un hospital.*
3. *un profesor - Trabaja con jóvenes.*
4. *un policía - No es amigo de los criminales.*
5. *un abogado - Estudia y sabe mucho.*

Key to *Cuaderno* Exercises

A 1. *María es de la República Dominicana.*
    2. *Yo soy de España.*
    3. *Tú eres de Cuba.*
    4. *Él es de Costa Rica.*
    5. *Ella es de Venezuela.*
    6. *Ud. es de Colombia.*
    7. *Nosotros somos de los Estados Unidos.*
    8. *Uds. son de Chile.*
    9. *Ellos son de Guatemala.*
  10. *Lola y Rosa son de Honduras.*

B 1. *soy*   6. *es*
    2. *son*   7. *Son*
    3. *somos* 8. *eres*
    4. *Es*   9. *somos*
    5. *es*   10. *son*

C (Sample responses)

    1. Sí, la escuela es grande.
       No, la escuela es pequeña.
    2. Sí, las rosas son blancas.
       No, las rosas son rojas.

    3. *Sí, ellas son inglesas.*
      No, ellas son españolas.
    4. *Sí, yo soy mexicano.*
      No, yo soy cubano.
    5. *Sí, la abuela es joven.*
      No, la abuela es vieja.
    6. *Sí, soy un alumno inteligente.*
      No, soy un alumno estúpido.
    7. *No, los elefantes son grandes.*
    8. *Sí, mi automóvil es azul.*
      No, mi automóvil es verde.
    9. *Sí, somos feas.*
      No, somos bonitas.
  10. *Sí, la lección es difícil.*
      No, la lección es fácil.

D 1. *Ellos son cubanos.*
    2. *Nosotros somos profesores.*
    3. *¿Son Uds. dentistas?*
    4. *¿No son Uds. franceses?*
    5. *Ellas son abogadas.*
    6. *Mis tías son italianas.*
    7. *Mis hermanas son secretarias.*
    8. *Los muchachos son los hijos de Pablo.*
    9. *Uds. son inteligentes.*
  10. *Nosotros somos norteamericanos.*

E 1. *La familia es grande.*
    2. *Soy artista.*
    3. *¿Qué eres tú?/¿Qué es Ud.?*
    4. *Ella es española.*
    5. *La lección es fácil.*
    6. *El papel es blanco.*
    7. *¿Eres tú argentino?/¿Es Ud. argentino?*
    8. *Él es actor.*
    9. *Tú eres muy inteligente./Ud. es muy inteligente.*
  10. *Yo soy enfermera.*

Quiz 9

Fill in the proper form of the verb **ser:**

1. El tío de Raúl _____ abogado.

2. ¿_____ Uds. norteamericanos?

3. Yo no _____ de Costa Rica.

4. Nosotros _____ actores.

5. ¿_____ tú la hermana de Rosa?

6. Ellos _____ grandes y feos.

7. Ella _____ una mujer famosa.

8. ¿_____ Ud. cartero?

9. Él _____ amigo de mi padre.

10. Laura y Matilde _____ primas.

Key to Quiz 9

1. *es*	5. *Eres*	8. *Es*
2. *Son*	6. *son*	9. *es*
3. *soy*	7. *es*	10. *son*
4. *somos*		

Lección 10

Notes: The techniques used in Lessons 4 and 7 may be applied in this lesson on **-ir** verbs. To stimulate conversation, personalized questions may be extended beyond those provided in the text.

Optional Oral Exercises

A. Express the correct verb form with the subject you hear:

1. abrir: yo
2. escribir: él
3. vivir: Ud.
4. recibir: ellos
5. cubrir: nosotros
6. dividir: tú
7. describir: María
8. subir: yo
9. salir: Pablo y Ana
10. abrir: nosotros

KEY

1. *yo abro*	6. *tú divides*
2. *él escribe*	7. *María describe*
3. *Ud. vive*	8. *yo subo*
4. *ellos reciben*	9. *Pablo y Ana salen*
5. *nosotros cubrimos*	10. *nosotros abrimos*

B. Make the following sentences negative:

1. Yo abro la puerta.
2. Él escribe con lápiz.
3. Usted vive en México.
4. Ellos reciben el periódico.
5. Nosotros cubrimos la ventana.
6. Tú divides ocho por cuatro.
7. María describe el automóvil.
8. Yo subo al autobús.
9. Pablo y Ana salen mañana.
10. Nosotros abrimos las ventanas.

KEY

1. *Yo no abro la puerta.*
2. *Él no escribe con lápiz.*
3. *Usted no vive en México.*
4. *Ellos no reciben el periódico.*
5. *Nosotros no cubrimos la ventana.*
6. *Tú no divides ocho por cuatro.*
7. *María no describe el automóvil.*
8. *Yo no subo al autobús.*
9. *Pablo y Ana no salen mañana.*
10. *Nosotros no abrimos las ventanas.*

C. Change the following sentences to questions:

1. Yo abro la puerta.
2. Él escribe con lápiz.
3. Usted vive en México.
4. Ellos reciben el periódico.
5. Nosotros cubrimos la ventana.
6. Tú divides ocho por cuatro.
7. María describe el automóvil.
8. Yo subo al autobús.
9. Pablo y Ana salen mañana.
10. Nosotros abrimos las ventanas.

KEY

1. *¿Abro yo la puerta?*
2. *¿Escribe él con lápiz?*

3. *¿Vive usted en México?*
4. *¿Reciben ellos el periódico?*
5. *¿Cubrimos nosotros la ventana?*
6. *¿Divides tú ocho por cuatro?*
7. *¿Describe María el automóvil?*
8. *¿Subo yo al autobús?*
9. *¿Salen Pablo y Ana mañana?*
10. *¿Abrimos nosotros las ventanas?*

D. Directed dialog. (See Lesson 4, Optional Oral Exercise F, for full procedures.)

Pregúntale a un alumno/a una alumna si

1. abre la puerta.
2. vive en México.
3. sufre mucho.
4. sale mañana.
5. cubre la pizarra.

KEY

1. STUDENT #1
   ¿Abres la puerta?
   STUDENT #2
   Sí, abro la puerta.
2. STUDENT #1
   ¿Vives en México?
   STUDENT #2
   Sí, vivo en México.
3. STUDENT #1
   ¿Sufres mucho?
   STUDENT #2
   Sí, sufro mucho.
4. STUDENT #1
   ¿Sales mañana?
   STUDENT #2
   Sí, salgo mañana.
5. STUDENT #1
   ¿Cubres la ventana?
   STUDENT #2
   Sí, cubro la ventana.

Key to Structures

3 . . . yo abr**o**   nosotros, nosotras abr**imos**
     tú abr**es**
     Ud. abr**e**   Uds. abr**en**
     él, ella abr**e**   ellos abr**en**

Key to *Actividades*

A   1. *c*   5. *b*   8. *i*
     2. *f*   6. *d*   9. *e*
     3. *h*   7. *j*   10. *g*
     4. *a*

B   1. *Los gatos suben al árbol.*
     2. *El tendero abre la tienda.*
     3. *Yo recibo una invitación.*
     4. *Tú cubres tu automóvil.*
     5. *Nosotros dividimos diez por dos.*
     6. *Usted vive en un apartamento.*

C   1. *salen de*
       The students leave school at three.
     2. *salgo de*
       I leave home at eight o'clock in the
       morning.
     3. *salen del* ~~el~~
       You don't leave the movie theater at six.
     4. *sale*
       My mother goes out to the garden every
       day.
     5. *salimos del* ~~el~~
       We leave the theater.
     6. *Sales*
       Are you going out with/dating Roberto?

D   (Sample responses)

     1. *Salgo de la escuela a las tres.*
     2. *Sí, sé hablar español.*
     3. *Sí, traigo muchos libros a la escuela.*

     4. *Sí, pongo los libros en mi escritorio.*
     5. *Sí, doy regalos a mi familia.*

E   1. *a*   5. *c*   8. *c*
     2. *c*   6. *a*   9. *b*
     3. *b*   7. *c*   10. *c*
     4. *a*

F   1. *vivimos*   9. *aprendo*
     2. *sale*   10. *hablamos*
     3. *toma*   11. *sé*
     4. *salgo*   12. *pregunta*
     5. *camino*   13. *responden*
     6. *trabaja*   14. *escribimos*
     7. *estudian*   15. *pongo*
     8. *traen*   16. *busco*

G   (Sample responses)

     1. *Nosotros vemos las casas.*
     2. *Mis hermano busca su lápiz.*
     3. *Mi perro corre rápidamente.*
     4. *Ustedes dividen seis por tres.*
     5. *Tú subes al árbol.*
     6. *Yo doy el dinero a mis padres.*
     7. *Nosotros invitamos a muchos amigos.*
     8. *Ellas abren las puertas.*
     9. *Usted responde bien.*
   10. *Mis tíos viven en San Francisco.*

H

-AR verbs	-ER verbs	-IR verbs
comprar	*saber*	*vivir*
trabajar	*correr*	*recibir*
estudiar	*ser*	*cubrir*
visitar	*traer*	
preguntar	*comer*	
desear	*beber*	
ganar	*creer*	
contestar	*hacer*	
entrar	*comprender*	

I 1. *d*   5. *c*   8. *c*
   2. *c*   6. *a*   9. *c*
   3. *d*   7. *d*   10. *b*
   4. *a*

Información personal (Sample responses)

1. *en un apartamento*
2. *grande*
3. *nuevo (moderno)*
4. *tres hermanas*
5. *la comida en un supermercado*
6. *en una oficina*
7. *estudio en una escuela pública*
8. *norteamericana*

Diálogo (Sample responses)

¿Dónde viven ustedes?
Vivimos en la avenida Madrid.
¿Qué trabajo hace su papá?
Papá trabaja en el aeropuerto.
¿Qué otras personas hay en la familia?
Nuestros abuelos y un tío.
¿Qué tipo de coche tienen ustedes?
Tenemos un coche pequeño.

Preguntas personales (Sample responses)

1. *Nuestra madre compra la comida.*
2. *Compramos la comida en un supermercado.*
3. *Vivimos en la ciudad de Los Ángeles.*
4. *Sí, salgo al cine con dos amigos.*
5. *Sí, sé escribir en español.*

Key to *Cuaderno* Exercises

A 1. *Ella abre la ventana.*
    2. *El policía sube la escalera.*
    3. *Yo divido el pan.*
    4. *Ud. cubre la cama.*
    5. *Mis padres escriben una carta.*
    6. *Nosotros describimos la situación.*
    7. *Tú recibes el dinero.*
    8. *El abogado vive en España.*
    9. *Ellas salen de la casa.*
   10. *Tú sabes la verdad.*

B 1. *Las alumnas abren la puerta.*
    2. *Ustedes reciben el dinero.*
    3. *Ustedes suben al arbol.*
    4. *Ellos escriben una carta.*
    5. *Ustedes traen la sopa.*
    6. *Las secretarias viven lejos.*
    7. *Ellas salen de la escuela.*
    8. *Mis padres ponen la mesa.*
    9. *Nosotros sabemos mucho.*
   10. *Los hombres dan regalos a su familia.*

C 1. *El alumno trae los libros.*
    2. *Yo divido la torta de chocolate.*
    3. *La señorita sube al avión.*
    4. *Ud. vive en Buenos Aires.*
    5. *Ella sabe mucho.*
    6. *Yo pongo las cosas en la mesa.*
    7. *El muchacho recibe regalos.*
    8. *Ud. describe el cuadro.*
    9. *Él vive aquí.*
   10. *La muchacha sale del tren.*

D 1. *sale*   6. *viven*
    2. *reciben*   7. *saben*
    3. *no cubre*   8. *doy*
    4. *describe*   9. *escribimos*
    5. *traigo*   10. *abren*

E 1. *(Yo) Vivo en España.*
    2. *(Nosotros) Abrimos el regalo.*
    3. *Ella recibe el dinero.*
    4. *(Yo) Sé la lección.*
    5. *Mi mamá trae la leche.*
    6. *Ellos describen la clase.*
    7. *Ud. escribe la tarea.*
    8. *Tú sales de la casa.*

9. *(Yo) Doy un ejemplo.*
10. *(Nosotros) Dividimos el trabajo.*

Quiz 10

A. Fill in the correct form of the verbs:

1. (abrir) Ellos _____ las puertas a las ocho.

2. (dividir) Nosotros _____ ocho por cuatro.

3. (subir) ¿_____ Ud. al tren?

4. (cubrir) El alumno _____ el libro con un papel.

5. (escribir) ¿_____ tú a España?

6. (describir) El policía _____ la foto.

7. (recibir) Ellas _____ muchos regalos.

8. (vivir) ¿Dónde _____ Uds.?

9. (salir) Yo _____ a las dos de la tarde.

10. (abrir) Ella desea _____ la ventana ahora.

B. Supply the preposition **de** if needed and make all necessary changes:

1. Él no sale _____ la casa.

2. El periódico sucio es _____ el muchacho.

3. Ella no sale _____ ahora.

4. El color _____ las flores es bonito.

5. Deseo ver la foto _____ los artistas.

Key to Quiz 10

A 1. *abren*   6. *describe*   B 1. *de*
   2. *dividimos*   7. *reciben*   2. *del* ~~el~~
   3. *Sube*   8. *viven*   3. *(no preposition or changes required)*
   4. *cubre*   9. *salgo*   4. *de*
   5. *Escribes*   10. *abrir*   5. *de*

Lección 11

Notes: We suggest that teachers act out (or have students act out) — even to the point of exaggeration — various states of being, conditions, or situations to help students learn and practice the uses of **estar** and **ser**. Apply the vocabulary learned through Lesson 10.

Practice in forms of **estar** and **ser** may involve first-person statements (**Ahora yo estoy triste. Nosotros somos ricos.**); second-person questions, with answers (**¿Estás contenta? — Sí, estoy contenta. ¿Es Ud. profesora? — No, soy estudiante.**); and third-person descriptions (**El café está frío. Las muchachas son gordas.**).

Optional Oral Exercises

A. Express the correct form of the verb **estar** with the subject you hear:

1. nosotros   6. usted
2. ellos   7. ella
3. yo   8. Juan
4. María   9. Francisco y Juan
5. tú   10. las muchachas

KEY

1. *nosotros estamos*
2. *ellos están*
3. *yo estoy*
4. *María está*
5. *tú estás*
6. *usted está*
7. *ella está*
8. *Juan está*
9. *Francisco y Juan están*
10. *las muchachas están*

B. Make the following sentences negative:

1. Nosotros estamos aquí.
2. Ellos están allí.
3. Yo estoy enfermo.
4. María está triste.
5. Tú estás contento.
6. Usted está cansado.
7. Ella está bien.
8. Juan está en casa.
9. Francisco y Juan están alegres.
10. Las muchachas están sentadas.

KEY

1. *Nosotros no estamos aquí.*
2. *Ellos no están allí.*
3. *Yo no estoy enfermo.*

4. *María no está triste.*
5. *Tú no estás contento.*
6. *Usted no está cansado.*
7. *Ella no está bien.*
8. *Juan no está en casa.*
9. *Francisco y Juan no están alegres.*
10. *Las muchachas no están sentadas.*

C. Change the following sentences to questions:

1. Nosotros estamos aquí.
2. Ellos están allí.
3. Yo estoy enfermo.
4. María está triste.
5. Tú estás contento.
6. Usted está cansado.
7. Ella está bien.
8. Juan está en casa.
9. Francisco y Juan están alegres.
10. Las muchachas están sentadas.

KEY

1. *¿Estamos nosotros aquí?*
2. *¿Están ellas allí?*
3. *¿Estoy yo enfermo?*
4. *¿Está María triste?*
5. *¿Estás tú contento?*
6. *¿Está Ud. cansado?*
7. *¿Está ella bien?*
8. *¿Está Juan en casa?*
9. *¿Están Francisco y Juan alegres?*
10. *¿Están las muchachas sentadas?*

D. Directed dialog. (See Lesson 4, Optional Oral Exercise F, for full procedure.)

Pregúntale a un alumno (a una alumna) si

1. está en una escuela
2. está enfermo (-a)
3. está triste

4. está contento (-a)
5. está cansado (-a)
6. está bien
7. está en casa
8. está alegre
9. está sentado (-a)
10. está en la clase

KEY

1. STUDENT #1
¿Estás en una escuela?
STUDENT #2
Sí, estoy en una escuela.
2. STUDENT #1
¿Estás enfermo (-a)?
STUDENT #2
No, no estoy enfermo (-a).
3. STUDENT #1
¿Estás triste?
STUDENT #2
No, no estoy triste.
4. STUDENT #1
¿Estás contento (-a)?
STUDENT #2
Sí, estoy contento (-a).
5. STUDENT #1
¿Estás cansado (-a)?
STUDENT #2
No, no estoy cansado (-a).
6. STUDENT #1
¿Estás bien?
STUDENT #2
Sí, estoy bien.
7. STUDENT #1
¿Estás en casa?
STUDENT #2
Sí, estoy en casa.
8. STUDENT #1
¿Estás alegre?
STUDENT #2
Sí, estoy alegre.

9. STUDENT #1
¿Estás sentado (-a)?
STUDENT #2
Sí, estoy sentado (-a).
10. STUDENT #1
¿Estás en la clase?
STUDENT #2
Sí, estoy en la clase.

Key to *Actividades*

A 1. *estás*
2. *estoy, estoy, está*
3. *estás, están*
4. *está, está*
5. *está*
6. *está*
7. *está*
8. *están*

B 1. *Tú estás escribiendo en la pizarra.*
2. *Yo estoy abriendo la ventana.*
3. *Usted está cerrando la puerta.*
4. *Ellos están mirando la pizarra.*
5. *Carlos está estudiando.*
6. *Ustedes están contestando una pregunta.*
7. *Nosotros estamos aprendiendo los verbos.*
8. *Juana está hablando con Rosa.*

C 1. *está* 6. *están* 11. *está*
2. *es* 7. *Son* 12. *estamos*
3. *soy* 8. *están* 13. *es*
4. *está* 9. *Es* 14. *son*
5. *está* 10. *están* 15. *está*

D 1. *El señor Pérez es gordo.*
2. *Yo soy bombero.*
3. *Laura está sentada en un sofá.*
4. *Nosotros estamos cansados.*
5. *Pedro está en la tienda.*
6. *Ellas están escuchando discos.*

7. *Tú estás buscando un libro.*
8. *Mis tíos son muy ricos.*

E 1. *es, está* 5. *es*
2. *es, está* 6. *son, están*
3. *son* 7. *está*
4. *están, están* 8. *estoy*

F 1. *entra en*
2. *está, enfermo*
3. *estar en la clase, ir*
4. *en casa*
5. *trabajan*
6. *la enfermera*
7. *joven, bonita*
8. *estás, estás*
9. *clases*
10. *al campo*

Diálogo

¿Cómo estás hoy, Juanito?
¡Ay, doctora! Estoy muy malo.
¿Qué te pasa?
Estoy enfermo. No tengo deseos de comer.
Tienes un resfriado y fiebre.
¿Tengo que ir al hospital?
No. Necesitas estar dos o tres días en casa.
  Aquí tienes una medicina.
Muchas gracias, doctora.

Preguntas personales (Sample responses)

1. *Estoy bien hoy.*
2. *Estoy estudiando español.*
3. *Estoy en mi clase de español.*
4. *Sí, estoy muy contento.*
5. *Nuestro profesor es bueno y simpático.*

NOTE TO TEACHERS: The four songs in this Manual have been written especially for **SPANISH IS FUN, BOOK 1, SECOND EDITION.** We suggest that the songs be taught (along with new vocabulary) before students hear them on the Cassettes.

¡HOLA! AMIGO

Words and Music by
Rupert A. Johnson
Cynthia Johnson

¡Ho - la!, a - mi - go, ¿có - mo es -
le - gro de ver - te, a - le - gre es -

tás? ¡Ho - la!, a - mi - go, có - mo es -
toy. Me a - le - gro de ver - te, a le - gre es -

tás? ¿Có - mo te lla _____ mas?
toy. ¿ De dón - de e _____ res?

¿Có - mo te lla _____ mas?
¿ De dón - de e _____ res?

1.
Me a -

2.
¿De dón - de

e _____
res? _____

VOCABULARIO

Me alegro *I'm glad*   **alegre** *glad*

Información personal (Variable responses)

Key to *Cuaderno* Exercises

A   1. *Yo estoy muy triste hoy.*
   2. *Ellos están muy tristes hoy.*
   3. *Ud. está muy triste hoy.*
   4. *Nosotros estamos muy tristes hoy.*
   5. *Él y ella están muy tristes hoy.*
   6. *Mis padres están muy tristes hoy.*
   7. *El profesor está muy triste hoy.*
   8. *Tú estás muy triste hoy.*
   9. *María y Carmen están muy tristes hoy.*
 10. *Tú y yo estamos muy tristes hoy.*

B   1. *Las ventanas están abiertas.*
   2. *Los muchachos no están contentos hoy.*
   3. *Yo estoy en Puerto Rico.*
   4. *Las sodas están frías.*
   5. *¿Cómo están ustedes?*
   6. *Los actores están bailando.*
   7. *Luis y Manolo están enfermos.*
   8. *Nosotros no estamos bien.*
   9. *Las cortinas están sucias.*
 10. *Las niñas están perdidas.*

C. 1. *está*   6. *están*
   2. *estoy*   7. *están*
   3. *están*   8. *estás*
   4. *está*   9. *está*
   5. *estamos*   10. *están*

D. 1. *estoy*   6. *son*
   2. *son*   7. *están*
   3. *somos*   8. *está*
   4. *es*   9. *estamos*
   5. *es*   10. *estás*

E. 1. *La escuela está abierta.*
   2. *Felipe es abogado.*
   3. *Rosa es mexicana.*
   4. *Antonio y José están cansados.*
   5. *Tú eres de Quito.*
   6. *Tú estás en Quito.*
   7. *Los muchachos están estudiando.*
   8. *La comida es (está) buena.*
   9. *Yo soy norteamericano.*
 10. *Nosotros somos amigos.*

Quiz 11

A.   Supply the correct form of the verb **estar**:

    1. Yo _____ trabajando de noche.

    2. Tú _____ triste hoy.

    3. ¿Dónde _____ el dinero?

    4. ¿_____ Uds. contentos?

    5. Nosotros _____ comiendo en un restaurante.

6. ¿_____ fría el agua?

7. Ud. no _____ en el hospital.

8. ¿_____ bien la niña?

9. Los abuelos _____ cansados.

10. Mario _____ escribiendo una carta.

B. Complete the sentences with the proper form of **ser** or **estar**:

1. Yo _____ muy alegre hoy.

2. Mi primo _____ muy enfermo.

3. ¿_____ secretarias?

4. ¿_____ Ud. de la Argentina?

5. ¿Dónde _____ nosotros ahora?

6. Él _____ hablando con su mamá.

7. Uds. no _____ gordos.

8. ¿Cómo _____ tú?

9. Carmen y María _____ en casa.

10. Ella _____ doctora.

Key to Quiz 11

A			B		
1. *estoy*	6. *Está*		1. *estoy*	6. *está*	
2. *estás*	7. *está*		2. *está*	7. *son*	
3. *está*	8. *Está*		3. *Son*	8. *estás*	
4. *Están*	9. *están*		4. *Es*	9. *están*	
5. *estamos*	10. *está*		5. *estamos*	10. *es*	

Lección 12

Notes: Use the calendar to practice the days, months, and seasons. These topics lend themselves to extended personalized conversation about which days, months, and seasons students prefer and why.

Optional Oral Exercises

A. Give the day that comes before the day you hear:

1. lunes   5. domingo
2. miércoles   6. sábado
3. jueves   7. viernes
4. martes

KEY

1. *domingo*   5. *sábado*
2. *martes*   6. *viernes*
3. *miércoles* 7. *jueves*
4. *lunes*

B. Give the day that comes after the day you hear:

1. lunes   5. domingo
2. miércoles   6. viernes
3. jueves   7. sábado
4. martes

KEY

1. *martes*   5. *lunes*
2. *jueves*   6. *sábado*
3. *viernes* 7. *domingo*
4. *miércoles*

C. Give the month that comes before the month you hear:

1. junio   2. marzo

3. diciembre   8. julio
4. abril   9. octubre
5. septiembre   10. febrero
6. enero   11. agosto
7. noviembre   12. mayo

KEY

1. *mayo*   7. *octubre*
2. *febrero*   8. *junio*
3. *noviembre* 9. *septiembre*
4. *marzo*   10. *enero*
5. *agosto*   11. *julio*
6. *diciembre* 12. *abril*

D. Give the month that comes after the month you hear:

1. julio   7. noviembre
2. marzo   8. junio
3. diciembre   9. octubre
4. abril   10. febrero
5. septiembre 11. agosto
6. enero   12. mayo

KEY

1. *agosto*   7. *diciembre*
2. *abril*   8. *julio*
3. *enero*   9. *noviembre*
4. *mayo*   10. *marzo*
5. *octubre*   11. *septiembre*
6. *febrero*   12. *junio*

E. ¿Cuál es la fecha de hoy? (The teacher gives the date in English or points to the date on a calendar.)

1. Sunday, October 28
2. Wednesday, June 13
3. Tuesday, January 31
4. Thursday, May 24
5. Monday, September 17
6. Saturday, December 8
7. Friday, August 23

KEY

   1. *Hoy es domingo, veinte y ocho de octubre.*
   2. *Hoy es miércoles, trece de junio.*
   3. *Hoy es martes, treinta y uno de enero*
   4. *Hoy es jueves, veinte y cuatro de mayo.*
   5. *Hoy es lunes, diez y siete de septiembre.*
   6. *Hoy es sábado, ocho de diciembre.*
   7. *Hoy es viernes, veinte y tres de agosto.*

F. Give the seasons for these months:

1. julio	7. mayo
2. noviembre	8. septiembre
3. abril	9. enero
4. febrero	10. agosto
5. junio	11. octubre
6. diciembre	12. marzo

KEY

1. *el verano*	7. *la primavera*
2. *el otoño*	8. *el otoño*
3. *la primavera*	9. *el invierno*
4. *el invierno*	10. *el verano*
5. *el verano*	11. *el otoño*
6. *el invierno*	12. *la primavera*

Key to *Actividades*

A
1. *martes*	5. *lunes*
2. *jueves*	6. *viernes*
3. *domingo*	7. *miércoles*
4. *sábado*	

B
1. *domingo*	*martes*
2. *martes*	*jueves*
3. *jueves*	*sábado*
4. *sábado*	*lunes*

C
1. *siete*	5. *fin*
2. *lunes, martes, miércoles,*	6. *jueves*
jueves y viernes	7. *martes*
3. *sábado, domingo*	8. *(variable)*
4. *miércoles*	

D (Sample responses)

   1. *lunes, miércoles y viernes*
   2. *los sábados y los domingos*
   3. *El domingo*
   4. *El viernes*
   5. *Los sábados, los domingos*

E
1. *diciembre*	*febrero*
2. *marzo*	*mayo*
3. *junio*	*agosto*
4. *septiembre*	*noviembre*

F
1. *agosto*	7. *marzo, abril*
2. *febrero*	8. *enero*
3. *diciembre*	9. *octubre*
4. *marzo*	10. *junio*
5. *noviembre*	11. *abril*
6. *mayo*	12. *julio*

LOS AÑOS

Words and Music by
Rupert A. Johnson

Son sie - te dí - as de la se - ma - na,

en ca - da dí - a vein - ti - cua - tro ho - ras,

cua - tro se - ma - nas por ca - da mes, do - ce

me - ses al a - ño y em - pie - za o - tra vez. A -

sí _____ me - di - mos el a - ño, a -

VOCABULARIO

empieza *begins*   así *so*
otra vez *again*   medimos *we measure*

G 1. *Es el maestro de la clase.*
2. *Es un niño de seis años.*
3. *Hoy es lunes.*
4. *En una semana hay siete días.*
5. *Los días de la semana son: lunes, martes, miércoles, jueves, viernes, sábado y domingo.*
6. *Los sábados y los domingos no trabajamos/no trabajan.*
7. *En un año hay doce meses.*
8. *Los meses del año son enero, febrero, marzo, abril, mayo, junio, julio, agosto, septiembre, octubre, noviembre y diciembre.*
9. *El primer mes es enero.*
10. *Febrero tiene veinte y ocho días.*

Key to Structures

6 … Can you fill in the blanks? To express the date, use:

Es + *el* + *number* + *de* + *month*.

… If you want to include the day of the week, use:

Es + *day* + *number* + *de* + *month*.

Key to *Actividades*

H 1. *el veinte de noviembre*
2. *el once de abril*

3. el veinte y cinco de septiembre
4. el primero de enero
5. el diez y ocho de diciembre
6. lunes, doce de julio
7. jueves, dos de junio
8. viernes, trece de marzo
9. martes, siete de octubre
10. domingo, veinte y cuatro de mayo

I 1. el ocho de agosto (sample response)
2. el veinte y cinco de diciembre
3. el veinte y dos de noviembre
4. el cuatro de julio
5. el primero de enero
6. el cinco de abril (sample response)
7. el diez de junio (sample response)

Preguntas personales (Sample responses)

1. Hoy es martes, catorce de abril.
2. Celebro mi cumpleaños en (el mes de) julio.
3. Son junio y julio.
4. Visito a mis amigos (amigas).
5. Salgo a las siete de la mañana.

Información personal (Sample responses)

1. Mi día favorito es el sábado, porque no hay clases.
2. Mi mes favorito es julio, porque voy a la playa.

Diálogo (Sample responses)

¿Qué día es hoy?
Hoy es lunes.
¿Cuántos días hay en una semana?
En una semana hay siete días.
¿Cuántos días hay en un mes?
En un mes hay treinta o treinta y un días.
¿Cómo sabes tanto?
Tengo un buen maestro.

Key to *Cuaderno* Exercises

A 1. miércoles   5. lunes
2. sábado   6. viernes
3. martes   7. domingo
4. jueves

B 2. febrero   8. agosto
3. marzo   9. septiembre
4. abril   10. octubre
6. junio   11. noviembre

C 1. martes   5. jueves
2. viernes   6. lunes
3. sábado   7. lunes
4. miércoles

D 1. Hoy es jueves, treinta y uno de enero.
2. Hoy es miércoles, veinte y siete de febrero.
3. Hoy es viernes, ocho de marzo.
4. Hoy es domingo, siete de abril.
5. Hoy es viernes, veinte y cuatro de mayo.
6. Hoy es lunes, diez de junio.
7. Hoy es martes, diez y seis de julio.
8. Hoy es sábado, tres de agosto.
9. Hoy es martes, diez y siete de septiembre.
10. Hoy es miércoles, veinte y cinco de diciembre.

E 1. doce   6. dos
2. Enero   7. domingos
3. Diciembre   8. julio, agosto
4. treinta   9. julio
5. martes   10. enero

F (Sample response)

Muchas gracias por la tarjeta. Estoy muy enfermo(-a). Tengo un resfriado y fiebre.

Quiz 12

¿Cuál es la fecha de hoy? Hoy es. . .

Write the following dates in Spanish:

1. Tuesday, July 10 _____

2. Wednesday, February 14 _____

3. Sunday, August 12 _____

4. Saturday, May 26 _____

5. Tuesday, March 20 _____

6. Wednesday, January 31 _____

7. Friday, June 1 _____

8. Monday, October 15 _____

9. Thursday, November 29 _____

10. Monday, September 17 _____

Key to Quiz 12

1. *Hoy es martes, diez de julio.*
2. *Hoy es miércoles, catorce de febrero.*
3. *Hoy es domingo, doce de agosto.*
4. *Hoy es sábado, veinte y seis de mayo.*
5. *Hoy es martes, veinte de marzo.*
6. *Hoy es miércoles, treinta y uno de enero.*
7. *Hoy es viernes, primero de junio.*
8. *Hoy es lunes, quince de octubre.*
9. *Hoy es jueves, veinte y nueve de noviembre.*
10. *Hoy es lunes, diez y siete de septiembre.*

Repaso III (Lecciones 9-12)

Key to *Actividades*

A

```
        O C T U B R E
  S Á B A D O
    C A L I E N T E
        E S T A R
    J U N I O
C A N S A D O
        A B R I R
      F R Í O
    T R I S T E
  A G O S T O
```

B

L U N E S

V I E R N E S

S Á B A D O

M A R T E S

J U E V E S

D O M I N G O

M I É R C O L E S

Solución:

E N   A U T O B U S

C

7 days of the week

lunes	jueves	sábado
martes	viernes	domingo
miércoles		

6 months

| enero | abril | agosto |
| marzo | mayo | octubre |

4 verbs

estar   ser   vivir   poner

1 adjective
fría

D

1. *trae*
2. *doy*
3. *recibe*
4. *está*
5. *suben*
6. *abre*
7. *escribes, la pizarra*
8. *venimos*

E

```
 ¹C O N ²T E N T ³A   ⁴F
 A     Í         L     R
 N   ⁵S A B E ⁶S       Í
 ⁷T R E S     ⁸A G U A
 A   R   ⁹P   L
 N   ¹⁰P O N G O     ¹¹S
 ¹²D A ¹³U N O     ¹⁴V E
 O   ¹⁵L E E S       M
    ¹⁶C   R     ¹⁷C O ¹⁸S A
 ¹⁹C A R T E R O   ²⁰E N
    S   A     ²¹M I R A
 ²²C A N S A D O       S
```

F Es el mes de *enero*. Es viernes, el último día de clases. Lupita, una *muchacha* de nueve años, no está en la *escuela;* está en *casa.* ¡Pobre Lupita! Ella está muy *triste* hoy; no está *contenta.* Ella no tiene mucho apetito. La *madre* de Lupita prepara una *comida* deliciosa, pero Lupita no desea *comer.* Ella tiene muchos *periódicos* y *libros,* pero no desea *leer.* Lupita está muy enferma. Ella no desea mirar la *televisión* y no desea escuchar la *radio.*

Entra el doctor González. Es un *médico* inteligente y bueno. «Lupita, tienes que tomar una *medicina* y beber mucha *agua.* Mañana no hay clases. Es sábado».

Unit Test 3 (Lessons 9-12)

A. The following reading passage contains five blank spaces, numbered 1 through 5. For each blank space, four possible completions are provided. Only one of them makes sense in the context of the passage. Choose the completion that makes the best sense and write its letter in the space provided.

En muchas ciudades importantes de la América Latina hay un gran número de cafés y restaurantes donde es posible __(1)__ bien. En las ciudades de Buenos Aires y de México, por ejemplo, los turistas y otras personas van a los restaurantes a comer comida francesa, china, italiana, alemana, cubana, española y de muchas otras __(2)__.

El problema es que en las zonas turísticas los precios son altos. Una buena comida cuesta mucho __(3)__. Por eso, muchas personas compran comida en la calle. Hay muchas tiendas donde __(4)__ sandwiches, tacos y tortillas.

___ 1. a. vivir
    b. beber
    c. correr
    d. comer

___ 2. a. ciudades
    b. nacionalidades
    c. personas
    d. casas

___ 3. a. amigos
    b. estudio
    c. dinero
    d. propiedad

___ 4. a. venden
    b. usan
    c. reciben
    d. dividen

En México el taco es un sandwich muy popular. Es una tortilla de pollo, carne, frijoles y legumbres. La tortilla es __(5)__ de México.

___ 5. a. la bebida
    b. la comida
    c. la medicina
    d. el pan

B. Diálogo

Carlos is visiting his friend and classmate Lucía at her home. Take the part of Carlos.

Lucía: − Hola, Carlos. Entra.

Carlos: −_____
             (Tell her what a beautiful home she has.)

Lucía: − Gracias, Carlos. Estoy muy contenta de vivir aquí. ¿Dónde vives tú?

Carlos: −_____
         (Say that you live with your parents in an apartment in the center of town.)

Lucía: − Los apartamentos son buenos, pero mi familia es grande y necesitamos una casa grande. ¿Dónde trabajan tus padres?

Carlos: −_____
         (Tell what your parents do for a living.)

Lucía: − Es un trabajo interesante. ¿Vas a comer con nosotros?

Carlos: −_____
       (Thank her for her invitation. Say you need to be home by 8 o'clock.)

C. Situations. Write an appropriate response in Spanish for the following situations:

1. Pablo está enfermo y no va a la escuela hoy. El médico pregunta cómo está. Pablo contesta:

   − _____

2. Juan es un nuevo alumno de la escuela. Cuando entra en la clase, el profesor dice:

   − _____

3. Los amigos de Pepe visitan su casa. Es una casa magnífica. Preguntan dónde trabaja el padre de Pepe. Pepe contesta:

— _____

4. Panchito está muy triste porque tiene un examen mañana. Un amigo llama por teléfono y dice que no hay examen porque es un día de excursión. ¿Qué grita Panchito?

— _____

5. Tú estás hablando con una amiga dominicana. Ella dice una palabra que tú no comprendes. ¿Qué dices?

— _____

D. Composition

Write a story about the situation shown in the picture below:

_____

_____

_____

_____

_____

E. Culture Quiz. Complete the following sentences dealing with Hispanic culture:

1. Examples of English words coming from Spanish are: _____,

   _____ and _____.

2. Three American sports that have made their way into the Spanish language are:

   _____, _____ and

   _____.

3. Three American foods that have made their way into the Spanish language are:

   _____, _____ and

   _____.

4. A **tortilla española** is a kind of _____ made with eggs, potatoes, and onions.

5. A **tortilla mexicana** is a flat pancake generally made of _____.

6. A tortilla filled with meat, beans, or cheese is called _____.

7. A spicy dip made of mashed avocados is called _____.

8. If a sauce is very spicy, it is called _____.

9. When writing a Spanish date, the number of the day comes _____.

10. The date abbreviation 12/7 in Spanish would mean _____ in English.

Key to Unit Test 3

A 1. *d*   2. *b*   3. *c*   4. *a*   5. *d*

B (Sample responses)

Lucía: − Hola, Carlos. Entra.
Carlos: −*Lucía, tienes una casa muy bonita.*
Lucía: − Gracias, Carlos. Estoy muy contenta de vivir aquí. ¿Dónde vives tú?
Carlos: −*Vivo con mis padres en un apartamento del centro de la ciudad.*
Lucía: − Los apartamentos son buenos, pero mi familia es grande y necesitamos una casa grande. ¿Dónde trabajan tus padres?
Carlos: −*Mis padres son abogados. Trabajan en una compañía muy grande.*
Lucía: − Es un trabajo interesante. ¿Vas a comer con nosotros?
Carlos: −*No, gracias. Necesito estar en casa a las ocho.*

C (Sample responses)

1. *Estoy muy malo, doctor.*
2. *Buenos días, joven. ¿Cómo te llamas?*
3. *Mi padre es ingeniero.*
4. *¿No hay examen? ¡Qué suerte!*
5. *No comprendo la palabra __.*

D (Sample response)

Pobre Rosita. No va hoy a clases. Está en cama muy triste y está enferma. El médico llega a la casa y pregunta: − ¿Qué te pasa, Rosita? Rosita contesta: − ¡Ay, doctor! Estoy muy mala. Tengo un resfriado. Tengo mucha fiebre. No deseo comer. ¿Tengo que ir al hospital? El médico dice: − No, Rosita, pero necesitas tomar una medicina.

E (1, 2, 3 Sample responses)

1. *cockroach, ranch, cafeteria*
2. *béisbol, fútbol, básquetbol*
3. *hamburguesa, bistec, sandwich*
4. *omelette*
5. *corn meal*
6. *taco*
7. *guacamole*
8. *picante*
9. *first*
10. *7/12*

Key to *Achievement Test 1 (Lessons 1-12)*

1   1. *el gato*   6. *la puerta*
2. *el automóvil*   7. *el dinero*
3. *el lápiz*   8. *los padres*
4. *la foto*   9. *el periódico*
5. *la flor*   10. *el sombrero*

2   1. *sé*   4. *abren*
2. *bebemos*   5. *cantas*
3. *baila*   6. *sale*

7. *contesta*   14. *lee*
8. *viven*   15. *caigo*
9. *trabaja*   16. *aprenden*
10. *pongo*   17. *doy*
11. *desea*   18. *reciben*
12. *comemos*   19. *veo*
13. *traigo*   20. *mira*

3 a. 1. *La profesora no trabaja mucho.*
   2. *Los automóviles no pasan.*
   3. *Tú no contestas bien.*
   4. *Ella no practica la música.*
   5. *Ellos no escuchan la lección.*

   b. 6. *¿Habla Ud. español?*
   7. *¿Cantan Uds. bien?*
   8. *¿Estudio yo?*
   9. *¿Comes tú mucho?*
   10. *¿Trabaja la mujer?*

4 1. *está*   6. soy
   2. *estoy*   7. *está*
   3. *es*   8. *está*
   4. *son*   9. *está*
   5. *es*   10. *estamos*

5 1. *cuatro*   6. *dos*
   2. *seis*   7. *diez y seis*
   3. *ocho*   8. *dos*
   4. *quince*   9. *veinte*
   5. *cinco*   10. *nueve*

6 1. *rojo*   6. *ricas*
   2. *blanca*   7. *bonita*
   3. *azul*   8. *francesa*
   4. *verdes*   9. *grandes*
   5. *gordo*   10. *viejos*

7 1. *una*
   2. *tres y media*
   3. *mediodía (medianoche)*
   4. *dos y cuarto*

5. *cinco menos cuarto*
6. *ocho y veinte y cinco*
7. *diez menos veinte y cinco*
8. *diez y diez*
9. *once menos cinco*
10. *once y media*

8 1. *miércoles*   6. *diciembre*
   2. *sábado*   7. *febrero*
   3. *lunes*   8. *noviembre*
   4. *siete*   9. *julio, agosto*
   5. *enero*   10. *doce*

9 Listening Comprehension

a. Multiple Choice (English)

Procedure: Instruct students to read the directions. Then say: "I will now read a passage in Spanish. Before the passage, I will give you some background information in English. Then I will read the Spanish passage twice. Listen carefully. After the passage, I will read a question in English. This question is also printed in your book. Look at the question and the four suggested answers in your book. Choose the best answer and write its letter in the space provided. Do not read the question and answers while listening to the passage. I will now begin."

Mr. López is talking about his job:

Mi trabajo no es fácil, pero es importante e interesante también. En mi escuela hay muchos alumnos. Todos desean ir a la universidad para ser médicos, abogados o profesores. Después de las clases, preparo mis lecciones en casa.

What is Mr. López? *(KEY: 3)*

b. Multiple Choice (Spanish)

Procedure: Instruct students to read the directions. Then say: "I will now read a passage in Spanish. Before the passage, I will give you some background information in English. Then I will read the Spanish passage twice. Listen carefully. After the passage, I will read a question in Spanish. This question is also printed in your book. Look at the question and the four suggested answers in your book. Choose the best answer and write its letter in the space provided. Do not read the question and answers while listening to the passage. I will now begin."

The leader of your Spanish Club stops in the hall and says:

La fiesta es mañana. Josefina va a traer los discos. Yo voy a preparar los sandwiches y las bebidas. Necesitamos muchas cosas: frutas, café, leche y soda. Aquí tienes veinte dólares. Compra todas las cosas necesarias.

¿Adónde va usted a comprar las cosas?
(KEY: 4)

c. Multiple Choice (Visual)

Procedure: Instruct students to read the directions. Then say: "I will now read a short passage in Spanish twice. Before the passage, I will give you some background information in English. After the passage I will read a question in English. For this question, the answers are pictures. Choose the picture that best answers the question and write its letter in the space provided. I will now begin."

You overhear your friend Francisco describe how he spends a typical evening:

Generalmente comemos a las seis y media. Después de comer, pasamos a la sala. Mi papá lee un periódico y mira la televisión. Mi mamá mira la televisión también o lee un libro. Mis hermanos y yo preparamos las lecciones para mañana.

Where do these activities take place?
(KEY: 2)

10   a. *1*   b. *3*

Cuarta Parte

Lección 13

Notes: A game of "Simon says" or a funny halloween movable scarecrow or similar figure may help students learn and practice the parts of the body. To practice forms of **tener,** students may discuss the number of things they possess, using vocabulary from this and earlier lessons.

Optional Oral Exercises

A. **¿Qué es esto?** (Teacher points to parts of the body indicated in the Key.)

KEY

1. *Es la boca.*   5. *Es el brazo.*
2. *Es la cabeza.*   6. *Son los dientes.*
3. *Es la nariz.*   7. *Son los dedos.*
4. *Es el pie.*   8. *Es el pelo.*

B.   Answer in a complete Spanish sentence:

1. ¿Qué haces con la boca?
2. ¿Qué haces con los pies?
3. ¿Qué haces con los dientes?
4. ¿Qué haces con las manos?
5. ¿Qué haces con los ojos?
6. ¿Qué haces con la lengua?
7. ¿Qué haces con los labios?
8. ¿Qué haces con los dedos?
9. ¿Qué haces con las orejas?

KEY

1. *Yo hablo con la boca.*
2. *Yo bailo con los pies.*
3. *Yo como con los dientes.*
4. *Yo trabajo con las manos.*
5. *Yo miro con los ojos.*
6. *Yo canto con la lengua.*
7. *Yo hablo/como con los labios.*

8. *Yo escribo con los dedos.*
9. *Yo escucho con las orejas.*

C.   Express the correct form of the verb **tener** with the subject you hear:

1. nosotros   6. tú
2. Víctor   7. ustedes
3. ellos   8. usted
4. yo   9. ella
5. María y Josefina 10. él

KEY

1. *nosotros tenemos*
2. *Víctor tiene*
3. *ellos tienen*
4. *yo tengo*
5. *María y Josefina tienen*
6. *tú tienes*
7. *ustedes tienen*
8. *usted tiene*
9. *ella tiene*
10. *él tiene*

D.   Make the following sentences negative:

1. Nosotros tenemos hambre.
2. Víctor tiene quince años.
3. Ellos tienen frío.
4. Yo tengo calor.
5. María y Josefina tienen sed.

6. Tú tienes que trabajar.
7. Ustedes tienen muchos amigos.
8. Usted tiene la cara inteligente.
9. Ella tiene el pelo negro.
10. Él tiene los brazos largos.

KEY

1. *Nosotros no tenemos hambre.*
2. *Víctor no tiene quince años.*
3. *Ellos no tienen frío.*
4. *Yo no tengo calor.*
5. *María y Josefina no tienen sed.*
6. *Tú no tienes que trabajar.*
7. *Ustedes no tienen muchos amigos.*
8. *Usted no tiene la cara inteligente.*
9. *Ella no tiene el pelo negro.*
10. *Él no tiene los brazos largos.*

E. Change the following sentences to
    questions:

1. Nosotros tenemos hambre.
2. Víctor tiene quince años.
3. Ellos tienen frío.
4. Yo tengo calor.
5. María y Josefina tienen sed.
6. Tú tienes que trabajar.
7. Ustedes tienen muchos amigos.
8. Usted tiene la cara inteligente.
9. Ella tiene el pelo negro.
10. Él tiene los brazos largos.

KEY

1. *¿Tenemos nosotros hambre?*
2. *¿Tiene Víctor quince años?*
3. *¿Tienen ellos frío?*
4. *¿Tengo yo calor?*
5. *¿Tienen María y Josefina sed?*
6. *¿Tienes tú que trabajar?*
7. *¿Tienen ustedes muchos amigos?*

8. *¿Tiene usted la cara inteligente?*
9. *¿Tiene ella el pelo negro?*
10. *¿Tiene él los brazos largos?*

F. Directed dialog (See Lesson 4, Optional
    Oral Exercise F, for full procedure.)

    Pregúntale a un alumno (a una alumna) si

    1. tiene frío.   3. tiene hambre.
    2. tiene calor.   4. tiene sed.

KEY

1. STUDENT #1
   ¿Tienes frío?
   STUDENT #2
   Sí, tengo frío.
2. STUDENT #1
   ¿Tienes calor?
   STUDENT #2
   No, no tengo calor.
3. STUDENT #1
   ¿Tienes hambre?
   STUDENT #2
   No, no tengo hambre.
4. STUDENT #1
   ¿Tienes sed?
   STUDENT #2
   Sí, tengo sed?

Key to *Actividades*

A   1. *la mano*   10. *los labios*
    2. *la cabeza*   11. *el pelo*
    3. *los ojos*   12. *el corazón*
    4. *los dedos*   13. *la lengua*
    5. *la cara*   14. *el brazo*
    6. *la oreja*   15. *el pie*
    7. *las piernas*   16. *los dientes*
    8. *la nariz*   17. *el estómago*
    9. *la boca*   18. *el cuello*

B   1. *la boca, la lengua, los dientes, los labios*
    2. *los pies, las piernas*
    3. *la boca, la lengua, los dientes, los labios*
    4. *los ojos*
    5. *la boca*
    6. *las manos, los dedos, la cabeza*
    7. *los ojos*
    8. *la boca*
    9. *la boca, la lengua, los dientes, los labios*
    10. *los ojos, la boca*
    11. *los ojos*
    12. *los pies, las piernas*
    13. *las manos*
    14. *las manos, los dedos*

    15. *la boca*
    16. *los pies, las piernas*

C   1. *Verdadero*
    2. *Falso. Tiene un cuerpo viejo y feo.*
    3. *Falso. Tiene dos brazos largos y fuertes.*
    4. *Falso. Tiene siete dedos en una mano y tres en la otra.*
    5. *Falso. No necesita pies para bailar.*
    6. *Falso. Tiene una cara estúpida.*
    7. *Verdadero.*
    8. *Falso. El monstruo sabe hablar.*
    9. *Falso. Tiene un ayudante.*
    10. *Verdadero.*

D

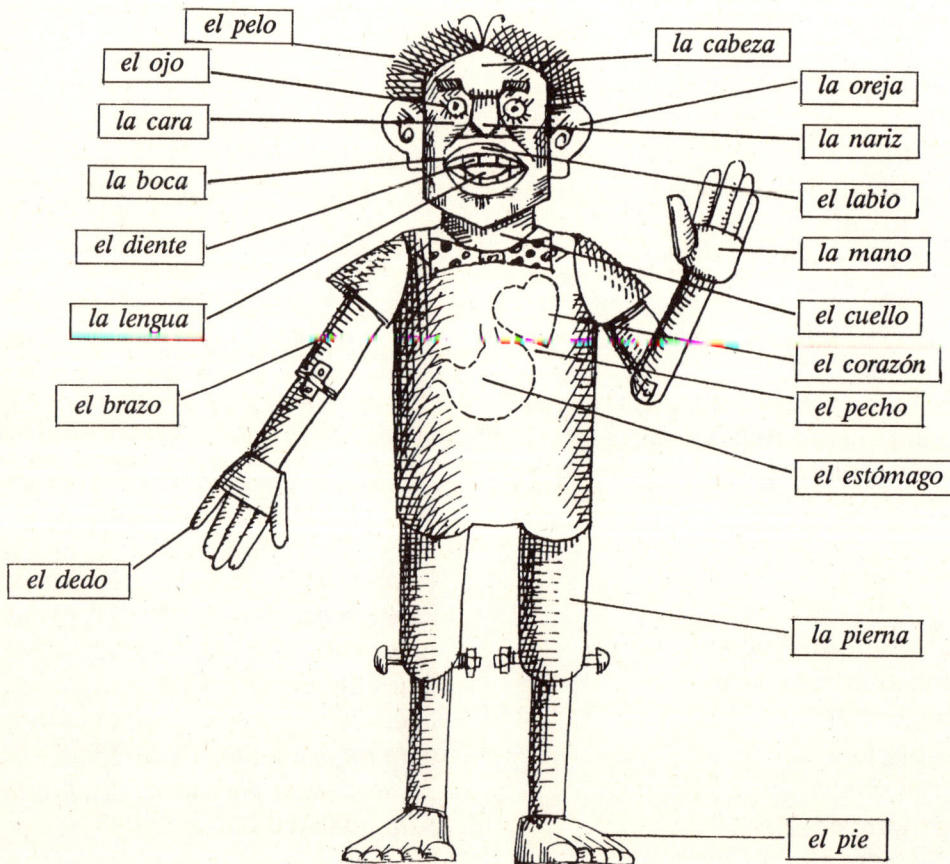

el pelo · el ojo · la cara · la boca · el diente · la lengua · el brazo · el dedo · la cabeza · la oreja · la nariz · el labio · la mano · el cuello · el corazón · el pecho · el estómago · la pierna · el pie

E 1. ¿Tienes la nariz larga?
2. ¿Tienes las orejas pequeñas?
3. ¿Tienes el pelo negro?
4. ¿Tienes los ojos grandes?

F 1. Mi hermana tiene la nariz larga.
2. Mis primos tienen los pies grandes.
3. Yo tengo los ojos verdes.
4. Mis padres tienen los ojos pardos.
5. Mi madre tiene las manos bonitas.
6. Yo tengo las piernas largas.

G 1. Yo tengo dos gatos siameses.
2. Jorge y María tienen un automóvil rojo.
3. Usted tiene muchas blusas bonitas.
4. Tú tienes sombreros elegantes.
5. Nosotros tenemos muchos libros.
6. Rosita tiene el pelo bonito.
7. Ustedes tienen una casa grande.
8. Nosotros tenemos muchas flores en el jardín.

H 1. h 5. c 8. f
2. a 6. j 9. d
3. i 7. e 10. g
4. b

I 1. Tenemos suerte.
2. El perro tiene sed.
3. Juan tiene el cuello largo.
4. El bebé tiene un año.
5. No tengo ganas de estudiar.
6. ¿Tiene Ud. hambre?
7. Yo tengo mucho calor.
8. Las muchachas tienen el pelo largo.
9. Tú tienes que ir a la escuela.
10. Los niños no tienen frío.

J 1. Tengo que tomar el autobús número siete.
2. ¿Tienes sueño ahora?
3. Usted tiene mucha suerte.
4. Tengo catorce años.
5. Tenemos ganas de comer ahora.
6. Mi hermano tiene hambre y yo tengo sed.
7. ¿No tienen ustedes frío?
8. No, no tenemos frío. Tenemos calor.

Preguntas personales (Sample responses)

1. Tengo quince años.
2. Tengo hambre a las doce.
3. Bebo un vaso de leche.
4. Sí, generalmente tengo buena suerte.
5. No, no tengo muchas ganas de estudiar los domingos.

Información personal (Sample responses)

1. Tengo la nariz pequeña.
2. Tengo los ojos azules.
3. Tengo la boca grande.
4. Tengo las manos fuertes.
5. Tengo las orejas pequeñas.
6. Tengo los brazos largos.

Diálogo

—¿Cuándo tiene usted frío?
—Tengo frío ahora.
—¿Cuándo tiene usted calor?
—Tengo calor cuando bebo leche caliente.
—¿Tiene usted siempre razón?
—No, no tengo siempre razón.
—¿Qué tiene usted por la noche?
—Por la noche tengo sueño.

Key to *Cuaderno* Exercises

E

```
      E S T Ó M A G O
      L A B I O S
      C A B E Z A
    C U E LL O
    P E L O
    O R E J A
      P I E R N A
      O J O S
      H A M B R E
  L E N G U A
      M A N O
    C A R A
    N A R I Z
    C O R A Z Ó N
```

A 1. *Uds. no tienen mucho dinero.*
2. *Yo no tengo mucho dinero.*
3. *Ud. no tiene mucho dinero.*
4. *Ud. y yo no tenemos mucho dinero.*
5. *Mis abuelos no tienen mucho dinero.*
6. *Tú no tienes mucho dinero.*
7. *José y Juan no tienen mucho dinero.*
8. *La maestra no tiene mucho dinero.*
9. *Nosotros no tenemos mucho dinero.*
10. *Las jóvenes no tienen mucho dinero.*

B 1. *tengo*   6. *tiene*
2. *tiene*   7. *tengo*
3. *tienen*   8. *tenemos*
4. *tienes*   9. *tiene*
5. *tienen*   10. *tiene*

Key to *The Cognate Connection*

2. *(to ask for)*   *(a request)*
3. *(first)*   *(first, principal)*
4. *(to feel)*   *(feeling)*
5. *(earth)*   *(earthly, living on land)*
6. *(to think)*   *(thoughtful)*
7. *(to look at)*   *(optical illusion)*
8. *(world)*   *(wordly)*
9. *(book)*   *(place where books are kept)*
10. *(hand)*   *(done by hand)*

C 1. *Tengo hambre ahora.*
2. *¿Tienes sed?/¿Tiene(n) Ud(s). sed?*
3. *El perro tiene frío.*
4. *Tenemos que trabajar hoy.*
5. *Tengo ganas de ir al cine.*
6. *Tienes razón.*
7. *No tienen razón.*
8. *No tengo sueño.*
9. *Ella tiene suerte.*
10. *La señorita tiene veinte años.*

ENGLISH COGNATES USED IN CONTEXT
(Sample responses)

2. *The students signed a petition to improve the cafeteria.*
3. *Cleaning up the environment is a primary policy of the government.*
4. *It is difficult to express your true sentiments.*
5. *Man is a terrestrial creature.*
6. *When alone, we are often in a pensive mood.*

D 1. *Tiene hambre.*   4. *Tiene frío.*
2. *Tiene sueño.*   5. *Tiene calor*
3. *Tiene sed.*

7. *A mirage appeared in the desert.*
8. *They were discussing mundane matters.*
9. *The books were withdrawn from the central library.*
10. *Instead of machines, manual labor was utilized.*

Quiz 13

A. Complete each sentence with the correct form of the verb **tener:**

1. ¿_____ Ud. el dinero?

2. Yo no _____ el diccionario.

3. Tú _____ los ojos verdes.

4. Él _____ un amigo español.

5. Ella _____ una clase de inglés.

6. Nosotros _____ mucha paciencia.

7. Uds. no _____ mucho trabajo en la oficina.

8. Las secretarias _____ un apartamento en la ciudad.

9. Yo _____ un resfriado.

10. Inés _____ un primo en Santo Domingo.

B. Express in Spanish:

1. We are cold. _____

2. Is he right? _____

3. They are wrong. _____

4. I am not warm. _____

5. She is very thirsty. _____

6. Are you (familiar singular) sleepy? _____

7. Paco is lucky. _____

8. The children are hungry. _____

9. Do you (formal singular) have to work tomorrow? _____

_____

10. Marcos is 25 years old. _____

C. Express in Spanish:

1. the head _____   6. the hair _____

2. the face _____   7. the foot _____

3. the mouth _____   8. the nose _____

4. the finger _____   9. the lips _____

5. the teeth _____   10. the eyes _____

Key to Quiz 13

5. *Ella tiene mucha sed.*
6. *¿Tienes sueño?*
7. *Paco tiene suerte.*
8. *Los niños tienen hambre.*
9. *¿Tiene Ud. que trabajar mañana?*
10. *Marcos tiene veinte y cinco años.*

A 1. *tiene*   6. *tenemos*
2. *tengo*   7. *tienen*
3. *tienes*   8. *tienen*
4. *tiene*   9. *tengo*
5. *tiene*   10. *tiene*

C 1. *la cabeza*   6. *el pelo*
2. *la cara*   7. *el pie*
3. *la boca*   8. *la nariz*
4. *el dedo*   9. *los labios*
5. *los dientes* 10. *los ojos*

B 1. *Tenemos frío.*
2. *¿Tiene él razón?*
3. *Ellos (Ellas) no tienen razón.*
4. *No tengo calor.*

Lección 14

Notes: Use pictures and a calendar to practice the vocabulary in this lesson. The Optional Oral Exercises for this lesson suggest techniques for practicing **hacer** in different contexts.

Optional Oral Exercises

A. Answer the following questions in complete Spanish sentences:

1. ¿Qué tiempo hace en el verano?
2. ¿Qué tiempo hace en el invierno?
3. ¿Qué tiempo hace en el otoño?
4. ¿Qué tiempo hace en la primavera?

KEY

1. *En el verano hace calor.*
2. *En el invierno hace frío.*
3. *En el otoño hace viento.*
4. *En la primavera hace buen tiempo.*

B. Tell in which season the following weather occurs:

1. Hace calor.   5. Llueve.
2. Hace frío.   6. Hace mal tiempo.
3. Nieva.   7. Hace viento.
4. Hace buen tiempo.   8. Hace sol.

KEY

1. *Hace calor en el verano.*
2. *Hace frío en el invierno.*
3. *Nieva en el invierno.*
4. *Hace buen tiempo en la primavera.*
5. *Llueve en la primavera.*
6. *Hace mal tiempo en el otoño.*
7. *Hace viento en el otoño.*
8. *Hace sol en el verano.*

C. Give the correct form of the verb **hacer:**

1. tú   6. ella
2. usted   7. ustedes
3. Juan   8. yo
4. él   9. María y Lola
5. ellos   10. nosotros

KEY

1. *tú haces*   6. *ella hace*
2. *usted hace*   7. *ustedes hacen*
3. *Juan hace*   8. *Yo hago*
4. *él hace*   9. *María y Lola hacen*
5. *ellos hacen*   10. *nosotros hacemos*

D. Directed dialog (See Lesson 4, Optional Oral Exercise F, for full procedure.)

Pregúntale a un alumno (a una alumna)

1. dónde hace sus tareas.
2. qué tiempo hace en el otoño.
3. si él (ella) y sus amigos (amigas) hacen las hamburguesas con queso.
4. si hace calor en el invierno.
5. en qué estación hace buen tiempo.

KEY (Sample responses)
1. STUDENT #1
   ¿Dónde haces tus tareas?
   STUDENT #2
   Hago mis tareas en casa.

2. STUDENT #1
¿Qué tiempo hace en el otoño?
STUDENT #2
En el otoño hace fresco.
3. STUDENT #1
*¿Hacen tú y tus amigos (amigas)
las hamburguesas con queso?*
STUDENT #2
*Sí, hacemos las hamburguesas con
queso.*
4. STUDENT #1
¿Hace calor en el invierno?
STUDENT #2
No, en el invierno hace frío.
5. STUDENT #1
¿En qué estación hace buen tiempo?
STUDENT #2
Hace buen tiempo en la primavera.

Teachers may wish to expand these procedures
with more personalized materials.

Key to *Actividades*

A 1. *Hace calor.*
2. *Hace buen tiempo.*
3. *Hace viento.*
4. *Hace mal tiempo.*
5. *Nieva.*
6. *Hace sol.*
7. *Hace fresco.*
8. *Hace frío.*
9. *Llueve.*

B marzo junio septiembre diciembre
abril julio octubre enero
mayo agosto noviembre febrero

C 1. *hacen*
2. *hace*
3. *haces*
4. *hacemos*
5. *hacen*
6. *haciendo*
7. *hacen*
8. *hace*
9. *hago*
10. *hacemos*

D 1. *Hace calor.*
2. *Nieva.*

3. *Hace buen tiempo.*
4. *Hace mal tiempo.*
5. *Hace viento.*
6. *Llueve.*

Key to Structures

3 1. . . . Esta estación es *la primavera.*
2. . . . Esta estación es *el verano.*
3. . . . Esta estación es *el otoño.*
4. . . . Esta estación es *el invierno.*

Key to *Actividades*

E 1. *cuatro*
2. *la primavera, el verano, el otoño y el invierno.*
3. *la primavera*
4. *el verano*
5. *sol, calor*
6. *el otoño*
7. *el Día de la Raza*
8. *invierno*
9. *Navidad*
10. *Año Nuevo*
11. *frío*
12. *el Día del Trabajo*

F 1. *el Día de las Madres*
2. *el Día de Acción de Gracias*
3. *el Día de la Independencia*
4. *el Natalicio de Washington*
5. *el Año Nuevo*
6. *el Día de los Enamorados*
7. *el Día de los Padres*
8. *la Pascua Florida*
9. *el Natalicio de Lincoln*
10. *la Navidad*
11. *la Víspera de Todos los Santos*
12. *el Día de la Raza*

G 1. *Hace cinco años que vivo en la ciudad.*
2. *Hace tres meses que salgo con Rosa (Jorge).*
3. *Hace una semana que tengo un automóvil.*
4. *Hace seis meses que aprendo a bailar.*
5. *Hace cuatro días que leo esa novela.*
6. *Hace muchos años que soy amigo (amiga) de José.*
7. *Hace dos años que trabajo en el verano.*
8. *Hace tres horas que hago las tareas.*

Preguntas personales (Sample responses)

1. *Hoy hace buen tiempo.*
2. *Hago las tareas a las cuatro.*
3. *Los domingos salgo con mis amigos.*
4. *El Día de la Independencia voy al parque.*
5. *En el verano voy a la playa.*

Información personal (Sample responses)

a. *Mi estación favorita es el verano.*
b. *Los meses de verano son junio, julio y agosto.*
c. *En el verano hace sol y calor.*
d. *La fiesta más importante es el Día de la Independencia.*
e. *Voy al parque y a la playa.*

Diálogo

−Hace calor hoy, ¿verdad?
−*Sí, mucho, pero me gusta así.*
−A mí también.
−*Cuando hace sol, estoy siempre en la playa.*
−¿Sabes nadar?
−*No muy bien. Por eso no nado lejos de la playa.*
−Bueno. Estoy aquí en caso de emergencia.
−*Gracias. Ahora voy a nadar.*

Key to *The Cognate Connection*

2. *(arm)*   *(to hug)*
3. *(100)*   *(a period of 100 years)*
4. *(hard)*   *(long-lasting)*
5. *(sick)*   *(sick bay)*
6. *(easy)*   *(to make easy, to help)*
7. *(grass)*   *(weed killer)*
8. *(to wash)* *(washroom)*
9. *(less)*   *(less, lacking)*
10. *(night)*   *(of the night)*

ENGLISH COGNATES USED IN CONTEXT
(Sample responses)

2. *He embraced his family before leaving.*
3. *The war dragged on for almost a century.*
4. *The clothing was made of an extremely durable material.*
5. *The sick were brought to the school's infirmary.*
6. *He used a tool to facilitate the work.*
7. *Herbicides were used on the garden.*
8. *We can freshen up in the lavatory.*
9. *Seven minus four equals three.*
10. *An owl is a nocturnal animal.*

Key to *Cuaderno* Exercises

A 1. *Uds. hacen un trabajo importante.*
2. *Yo hago un trabajo importante.*
3. *Ud. hace un trabajo importante.*
4. *Ud. y yo hacemos un trabajo importante.*
5. *Mis tíos hacen un trabajo importante.*
6. *Tú haces un trabajo importante.*
7. *María y Luisa hacen un trabajo importante.*
8. *El dentista hace un trabajo importante.*
9. *Nosotros hacemos un trabajo importante.*
10. *Los profesores hacen un trabajo importante.*

B 1. *hacen*   6. *hacer*
 2. *hace*   7. *hace*
 3. *hace*   8. *haciendo*
 4. *Hace*   9. *hago*
 5. *hacemos*   10. *hacemos*

C (Sample responses)

1. *En el verano hace mucho calor.*
2. *Hace calor en junio, julio y agosto.*
3. *No, no hace sol a medianoche.*
4. *Nieva en el invierno.*
5. *Hace frío en el invierno.*
6. *Hace sol al mediodía.*
7. *No, no hace frío en junio.*
8. *Sí, salgo de la casa cuando llueve.*
9. *Hace viento en el mes de marzo.*
10. *Cuando hace buen tiempo, salgo con mis amigos (amigas).*

D 1. *Hace calor.*
 2. *Hace fresco.*
 3. *Llueve.*
 4. *Hace mal tiempo. (Llueve.)*
 5. *Hace sol.*
 6. *Hace calor.*
 7. *Hace frío.*
 8. *Hace viento.*
 9. *Llueve. (Hace mal tiempo.)*
10. *Nieva.*

E 1. *la primavera*   *marzo, abril, mayo*
 2. *el verano*   *junio, julio, agosto*
 3. *el otoño*   *septiembre, octubre, noviembre*
 4. *el invierno*   *diciembre, enero, febrero*

F 1. *Hace viento.*
 2. *No, no es primavera. Es otoño.*
 3. *No, no hace buen tiempo. Está lloviendo. (Llueve.)*
 4. *No, no hace calor. Hace mucho frío.*
 5. *No, no es verano. Es invierno.*
 6. *No, no hace frío. Hace mucho calor.*
 7. *Sí, hace sol.*
 8. *Es invierno.*

G 1. *¿Qué tiempo hace hoy?*
 2. *Llueve.*
 3. *Nieva.*
 4. *Hace mucho viento.*
 5. *¿Hace buen tiempo?*
 6. *¿Hace mal tiempo?*
 7. *Hace frío en el invierno.*
 8. *Hace calor en el verano.*
 9. *Hoy hace sol.*
10. *Ahora hace fresco.*

H (Sample response)

Aquí en Nueva York hace frío en diciembre. A veces hace 60 grados Fahrenheit, pero otras veces hace menos de 30. A veces nieva un poco y otras veces llueve. Hay que llevar abrigos, guantes y sombreros.

Quiz 14

A. Complete each sentence with the correct form of the verb **hacer**:

1. Nosotros _____ el trabajo.

2. Yo no _____ muchas preguntas.

3. ¿Qué _____ Ud. en la clase?

4. José y Carmen _____ una lista de compras.

5. Mi hermano _____ ejercicios.

6. Tú no _____ nada de importancia.

7. _____ una semana que vivo aquí.

8. ¿Por qué _____ Uds. tanto ruido?

9. Tú y yo _____ planes para las vacaciones.

10. Ella está _____ la tarea.

B. Express in Spanish:

1. What is the weather today?

_____

2. Is it snowing?

_____

3. Is it raining?

_____

4. It's not very windy.

_____

5. Is the weather bad?

_____

6. No, the weather is good.

_____

7. It's sunny now.

_____

8. Is it cool today?

_____

9. No, it's very hot today.

_____

10. It's cold in the winter.

_____

Key to Quiz 14

A 1. *hacemos*   6. *haces*
   2. *hago*   7. *Hace*
   3. *hace*   8. *hacen*
   4. *hacen*   9. *hacemos*
   5. *hace*   10. *haciendo*

B 1. *¿Qué tiempo hace hoy?*
   2. *¿Nieva?*
   3. *¿Llueve?*
   4. *No hace mucho viento.*
   5. *¿Hace mal tiempo?*
   6. *No, hace buen tiempo.*
   7. *Ahora hace sol.*
   8. *¿Hace fresco hoy?*
   9. *No, hoy hace mucho calor.*
  10. *En el invierno hace frío.*

Lección 15

Notes: Use pictures of the parts of a house (or even a dollhouse) to introduce or practice the vocabulary in this lesson. Practice the possessive adjectives introduced here with all suitable lexical elements learned up to this point. Directed dialog techniques previously suggested for verb practice are equally suitable for possessives:

TEACHER OR STUDENT #1:	**Pregúntale a un alumno (una alumna) si es su libro.**
STUDENT #2:	**¿Es tu (su) libro?**
STUDENT #3:	**Sí, es mi libro.**
CLASS IN UNISON:	**Es su libro.**

This procedure may also be used with negative responses, plural forms, or any combination of possessives:

TEACHER OR STUDENT #1:	**Pregúntales a unos alumnos (unas alumnas) si son sus libros.**
STUDENT #2:	**¿Son sus libros?**
STUDENT #3:	**No, no son nuestros libros.**
CLASS IN UNISON:	**No son sus libros.**

Optional Oral Exercises

A. Repeat the sentence using the possessive adjective **mi** or **mis** in place of the definite article:

1. Es el disco.
2. Es el casa.
3. Son los libros.
4. Es la escuela.
5. Son las bicicletas.
6. Es el gato.
7. Es la blusa.
8. Son las lecciones.

KEY

1. *Es mi disco.*
2. *Es mi casa.*
3. *Son mis libros.*
4. *Es mi escuela.*
5. *Son mis bicicletas.*
6. *Es mi gato.*
7. *Es mi blusa.*
8. *Son mis lecciones.*

B. Repeat the sentence using the possessive adjective **tu** or **tus** in place of the definite article:

1. Es la banana.
2. Son los abuelos.
3. Es el lápiz.
4. Son las hermanas.
5. Es la mesa.
6. Son los papeles.
7. Es la regla.
8. Son las lecciones.

KEY

1. *Es tu banana.*
2. *Son tus abuelos.*
3. *Es tu lápiz.*
4. *Son tus hermanas.*
5. *Es tu mesa.*
6. *Son tus papeles.*
7. *Es tu regla.*
8. *Son tus lecciones.*

C. Repeat the sentence using the possessive adjective **nuestro, nuestra, nuestros,** or **nuestras** in place of the definite article:

1. Es el perro.
2. Es la secretaria.
3. Son las flores.
4. Es la profesora.
5. Son los amigos.
6. Es el automóvil.
7. Es la lámpara.
8. Son los dólares.

KEY

1. *Es nuestro perro.*
2. *Es nuestra secretaria.*
3. *Son nuestras flores.*
4. *Es nuestra profesora.*
5. *Son nuestros amigos.*
6. *Es nuestro automóvil.*
7. *Es nuestra lámpara.*
8. *Son nuestros dólares.*

D. Repeat the sentence using the possessive adjective **su** or **sus** in place of the definite article:

1. Es el abuelo de Pablo.
2. Es la familia de usted.
3. Son las amigas de María.
4. Son los hijos de la secretaria.
5. Es el profesor de ustedes.
6. Es el perro de ellos.

KEY

1. *Es su abuelo.*
2. *Es su familia.*
3. *Son sus amigas.*
4. *Son sus hijos.*
5. *Es su profesor.*
6. *Es su perro.*

E. Directed dialog (See Lesson 4, Optional Oral Exercise F, for full procedure.)

Pregúntale a un alumno (a una alumna) si

1. mira su libro.
2. estudia sus lecciones.
3. come su comida.
4. tiene su cuaderno.
5. escucha a sus profesores.
6. usa su regla.

KEY

1. STUDENT #1
   ¿Miras tu libro?
   STUDENT #2
   Sí, miro mi libro.
2. STUDENT #1
   ¿Estudias tus lecciones?
   STUDENT #2
   Sí, estudio mis lecciones.
3. STUDENT #1
   ¿Comes tu comida?
   STUDENT #2
   Sí, como mi comida.
4. STUDENT #1
   ¿Tienes tu cuaderno?
   STUDENT #2
   Sí, tengo mi cuaderno.
5. STUDENT #1
   ¿Escuchas a tus profesores?
   STUDENT #2
   Sí, escucho a mis profesores.
6. STUDENT #1
   ¿Usas tu regla?
   STUDENT #2
   Sí, uso mi regla.

NOTE: This procedure may also be used with **usted** forms, negative responses, and any combinations of possessives.

Key to *Actividades*

A 1. *en la sala*
2. *en el dormitorio*
3. *en la sala*
4. *en el cuarto de baño*
5. *en el comedor*
6. *en la cocina*
7. *en el dormitorio*
8. *en la sala*

B 1. *un apartamento (sample response)*
2. *la cocina*
3. *el comedor*
4. *la sala*
5. *un sofá (sample response)*
6. *el dormitorio*

Key to Structures

2 ...What does **mi** mean? *my*
...What does **mis** mean? *my*
...How many words are there in Spanish for *my? two*
...When is **mis** used? *With plural nouns.*

Key to *Actividades*

C (Sample responses)

1. *Busco mis lápices.*
2. *¿Tiene una regla?*
3. *¿Dónde está el diccionario?*
4. *Tengo dos plumas.*
5. *Tengo que escribir una composición.*
6. *Hay dos mapas en la clase.*

Key to Structures

3 How many cats does the first girl have? *One.*
How many cats does the second girl have?
Two. What are the two words in Spanish for

your (familiar)? *tu* and *tus.*
When is **tu** used? *In the singular.*
When is **tus** used? *In the plural.*

Key to *Actividades*

D (Sample responses)

1. *¿Está tu padre en casa?*
2. *¿Dónde viven tus hermanos?*
3. *¿Hay un sillón en tu dormitorio?*
4. *¿Cuándo usas tu cuarto de baño?*
5. *¿Buscas tus libros?*
6. *¿Sales con tus amigas?*

Key to Structures

4 Which subject pronouns do **nuestro, nuestra, nuestros,** and **nuestras** bring to mind? *nosotros* What do **nuestro, nuestra, nuestros,** and **nuestras** mean? *our*
When do you use **nuestro?** *With a masculine singular noun*
When do you use **nuestra?** *With a feminine singular noun*
When do you use **nuestros?** *With a masculine plural noun*
When do you use **nuestras?** *With a feminine plural noun*

Key to *Actividades*

E (Sample responses)

1. *Nuestra sala es muy grande.*
2. *¿Dónde están nuestros discos?*
3. *Nuestro cuarto de baño es pequeño.*
4. *Nuestro refrigerador está en la cocina.*
5. *Nuestras lámparas son bonitas.*
6. *Nuestra cocina es moderna.*
7. *Nuestros sillones no son nuevos.*
8. *Nuestras mesas están en la sala.*

F 1. *No son mis libros, son sus libros.*
2. *No es mi ropa, es su ropa.*
3. *No es mi plato, es su plato.*
4. *No es mi sombrero, es su sombrero.*
5. *No son mis periódicos, son sus periódicos.*
6. *No son mis blusas, son sus blusas.*

G 1. *mis*   6. *mi*
2. *tu*   7. *su*
3. *nuestras*   8. *su*
4. *sus*   9. *nuestro*
5. *sus*   10. *mis*

H 1. *Nuestra*   6. *Su*
2. *Su*   7. *Su*
3. *Mi*   8. *Su*
4. *Nuestros*   9. *Su*
5. *Tu*   10. *Sus*

I 1. *amigas*
2. *ayuda, limpia la casa*
3. *muchos cuartos*
4. *enorme, diez cuartos*
5. *comparten un dormitorio*
6. *la cocina*
7. *el comedor*
8. *la sala*
9. *tres, dos*
10. *apartamentos pequeños*

J 1. *Sus blusas son bonitas.*
   Las blusas de ella son bonitas.
2. *Uso su diccionario.*
   Uso el diccionario de ellos.
3. *Su mamá está en la casa,*
   La mamá de ella está en la casa.
4. *Su perro está aquí.*
   El perro de ustedes está aquí.
5. *Ella está en su cuarto.*
   Ella está en el cuarto de usted.
6. *Usted vive en su casa.*
   Usted vive en la casa de ellos.

7. *Sus discos están en su cama.*
   Los discos de ella están en la cama de ella.
8. *Invitamos a sus amigos.*
   Invitamos a los amigos de él.
9. *¿Es grande su casa?*
   ¿Es grande la casa de ustedes?
10. *Sus escuelas son modernas.*
   Las escuelas de ellos son modernas.

Preguntas personales (Sample responses)

1. *Vivo en una casa.*
2. *En mi casa hay cinco dormitorios.*
3. *Mi casa tiene dos pisos.*
4. *La televisión está en la sala.*
5. *Comemos en el comedor.*
6. *Hay un sofá, dos sillones y una mesa.*
7. *En mi casa cocina mi mamá.*

Información personal *(varies)*

Diálogo

¿Cuántos cuartos tiene el apartamento?
Hay ( ) cuartos. (answer varies)
¿Cómo son los cuartos?
Todos los cuartos son grandes.
¿Qué clase de cocina hay?
Es muy moderna.
¿Hay buena ventilación?
La casa tiene muchas ventanas.

Key to *The Cognate Connection*

2. *(to dance)*   *(a classical dance)*
3. *(to sing)*   *(to sing, intone)*
4. *(how much)*   *(amount, number)*
5. *(day)*   *(daily record)*
6. *(to write)*   *(to mark, engrave)*
7. *(happy)*   *(happiness)*
8. *(father)*   *(fatherly)*

9. (free)   (freedom)
10. (poor)   (state of being poor)

ENGLISH COGNATES USED IN CONTEXT
(Sample responses)

2. The Russian school of ballet is world-
   famous.
3. The priest chanted the prayers.
4. We need a large quantity of supplies.
5. The explorer kept a diary of his travels.
6. The hero's name was inscribed in bronze.
7. Nothing could ruin the felicity of the
   occasion.
8. The father defended his child out of
   paternal instinct.
9. All nations seek liberty.
10. Without work, they fell into a state
    of poverty.

Key to *Cuaderno* Exercises

A 1. el comedor   4. el baño
  2. la cocina   5. la sala
  3. el dormitorio

B 1. la cama   5. el sillón
  2. el televisor   6. la lámpara
  3. la mesa   7. el sofá
  4. el escritorio   8. la silla

C 1. Las niñas miran su escuela.
  2. ¿Buscan ustedes nuestro automóvil?
  3. Mary Lola entra en su cuarto.
  4. Jaime estudia su lección.

5. ¿Uso mi pluma?
6. ¿Tienen mis abuelos tu periódico?
7. Escribimos nuestras cartas.
8. Invitamos a sus amigos a la fiesta.
9. ¿Necesitas sus libros?
10. ¿Preparan las chicas su comida?

D 1. Las niñas toman sus helados.
  2. ¿Dónde están mis hermanos?
  3. Nuestros tíos son ricos.
  4. El alumno aprende sus lecciones.
  5. No bailo con sus primas.
  6. ¿Tienes tus cuadernos?
  7. Sus hijas no comen carne.
  8. Nuestros hermanos estudian mucho.
  9. Mis padres no estan aquí.
  10. ¿Preparas tus tareas?

E 1. sus libros   6. nuestros padres
  2. nuestra amiga   7. tus ojos
  3. tu profesor   8. su gato
  4. mis lápices   9. nuestra bicicleta
  5. su cuaderno   10. mi dinero

F 1. Tengo mis lápices.
  2. Ellos (Ellas) viven en nuestra casa.
  3. Sus hijos son buenos.
  4. ¿Ves a tu perro?
  5. Su dormitorio es grande.
  6. Su cocina es moderna.
  7. Su apartamento es muy bonito.
  8. Nuestros padres no están en casa.
  9. Necesito mi diccionario.
  10. ¿Dónde está su coche?

Quiz 15

A.   Complete the following sentences:

1. Toda la familia come en el _____.

2. Rosa vive sola en un _____ pequeño.

3. Un edificio alto tiene muchos _____.

4. El refrigerador está en la _____.

5. Miramos la televisión en la _____.

6. Me lavo en el _____.

7. El Presidente de los Estados Unidos vive en la _____ Blanca.

8. Hay una lámpara sobre la _____.

9. Cuando tengo sueño, voy al _____ para dormir.

10. Mi abuelo está sentado en el _____.

B. Supply the correct possessive adjective:

1. (my) _____ padres

2. (your [familiar singular]) _____ perro

3. (his) _____ casa

4. (her) _____ discos

5. (our) _____ tías

6. (your [formal]) _____ automóvil

7. (their) _____ profesora

8. (our) _____ comida

9. (my) _____ trabajo

10. (our) _____ dinero

Key to Quiz 15

A 1. *comedor*   6. *baño (cuarto de baño)*   B 1. *mis*   6. *su*
    2. *apartamento*   7. *Casa*   2. *tu*   7. *su*
    3. *pisos*   8. *mesa*   3. *su*   8. *nuestra*
    4. *cocina*   9. *dormitorio*   4. *sus*   9. *mi*
    5. *sala*   10. *sillón*   5. *nuestras* 10. *nuestro*

Lección 16

Notes: Empty food containers and pictures may supplement this lesson on food. Encourage students to speak about foods they like or do not like, those they eat in school and those they prepare at home. This lesson provides opportunities for Spanish, Mexican, or other Latin-American food sampling, a make-believe meal or a picnic in class.

Teachers may wish, consistent with student readiness, to use a wall map of Spain, Central America, or South America to point out areas with which certain foods are identified. Students may also be asked to draw maps and locate the areas and specialities on them. In addition, several **Cápsulas culturales** (see "Foods" under the Topical Index) provide useful information for this lesson.

Ask students which one (or ones) of two (or more) things they like. Example: **¿Te gusta el helado de chocolate o de vainilla?** Student answers: **Me gusta el helado de chocolate. No me gusta el helado de vainilla.**

Optional Oral Exercises

A. Tell someone in Spanish that you like the following foods:

    1. la leche   6. las papas fritas
    2. el café   7. el pan
    3. los dulces   8. el pollo
    4. las frutas   9. el vino
    5. el jugo   10. las naranjas

KEY

    1. *Me gusta la leche.*
    2. *Me gusta el café.*
    3. *Me gustan los dulces.*
    4. *Me gustan las frutas.*
    5. *Me gusta el jugo.*
    6. *Me gustan las papas fritas.*
    7. *Me gusta el pan.*
    8. *Me gusta el pollo.*
    9. *Me gusta el vino.*
   10. *Me gustan las naranjas.*

B. Directed dialog (See Lesson 4, Optional Oral Exercise F, for full procedure.) Pregúntale a un alumno (a una alumna) si le gusta

    1. estudiar.
    2. ir a un restaurante.

3. el helado de vainilla.
4. el pan tostado.
5. los huevos fritos.
6. la clase de español.
7. los dulces.
8. las casas grandes.
9. el cine.
10. los mosquitos.

KEY

1. STUDENT #1
   ¿Te gusta estudiar?
   STUDENT #2
   Sí, me gusta estudiar.
2. STUDENT #1
   ¿Te gusta ir a un restaurante?
   STUDENT #2
   Sí, me gusta ir a un restaurante.
3. STUDENT #1
   ¿Te gusta el helado de vainilla?
   STUDENT #2
   No, no me gusta el helado de vainilla.
4. STUDENT #1
   ¿Te gusta el pan tostado?
   STUDENT #2
   Sí, me gusta el pan tostado.

5. STUDENT #1
   ¿Te gustan los huevos fritos?
   STUDENT #2
   No, no me gustan los huevos fritos.
6. STUDENT #1
   ¿Te gusta la clase de español?
   STUDENT #2
   Sí, me gusta la clase de español.
7. STUDENT #1
   ¿Te gustan los dulces?
   STUDENT #2
   Sí, me gustan los dulces.
8. STUDENT #1
   ¿Te gustan las casas grandes?
   STUDENT #2
   No, no me gustan las casas grandes.
9. STUDENT #1
   ¿Te gusta el cine?
   STUDENT #2
   Sí, me gusta el cine.
10. STUDENT #1
    ¿Te gustan los mosquitos?
    STUDENT #2
    No, no me gustan los mosquitos.

Key to *Actividades*

A   El desayuno

LECHE   CAFÉ   JUGO DE NARANJA   HUEVOS FRITOS   TOSTADA CON MANTEQUILLA   CEREAL

B   El almuerzo

C 1. *Necesito el queso, por favor.*   4. *Necesito la mostaza, por favor.*
   2. *Necesito la pimienta, por favor.*   5. *Necesito las papas fritas, por favor.*
   3. *Necesito la mantequilla, por favor.*   6. *Necesito el azúcar, por favor.*

D   La cena

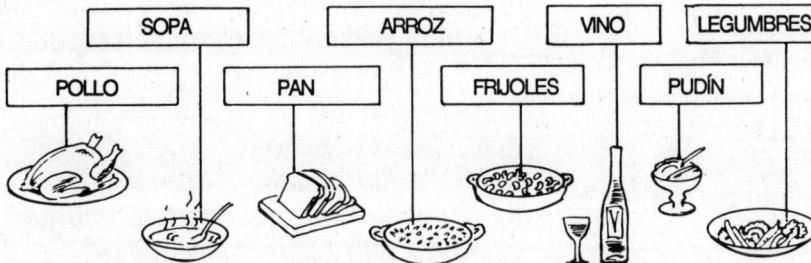

E 1. *Hay papas.*
   2. *Hay sopa.*
   3. *Hay legumbres.*
   4. *Hay arroz con frijoles.*
   5. *Hay pan.*
   6. *Hay ensalada.*
   7. *Hay bistec.*
   8. *Hay helado.*

Key to Structures

2 . . . How many are referred to in each example in Group I? *one*

. . . How many are referred to in the examples in Group II? *more than one*

Key to *Actividades*

F
1. *Me gusta*
2. *Me gustan*
3. *Me gusta*
4. *Me gusta*
5. *Me gustan*
6. *Me gustan*
7. *Me gusta*
8. *Me gusta*
9. *Me gusta*
10. *Me gustan*

G
1. *f* 3. *a* 5. *b* 7. *c* 9. *g*
2. *d* 4. *j* 6. *i* 8. *e* 10. *h*

H
1. *Nos gusta caminar.*
2. *No te gusta el teatro.*
3. *Les gusta estudiar español.*
4. *Le gusta la leche fría.*
5. *Le gustan las clases de español.*
6. *Me gusta la comida mexicana.*
7. *No les gusta estudiar mucho.*
8. *Nos gustan las manzanas rojas.*
9. *No te gusta la mostaza.*
10. *Le gustan los huevos fritos.*

Key to Structures

6 . . . What little word did we put before the pronouns **él, ella,** and **usted**? *a*

. . . What little word did we put before **Jorge** and **los niños**? *a*

Key to *Actividades*

I
1. *Sí, al niño le gusta la sopa.*
2. *Sí, a ella le gusta el café con azúcar.*
3. *Sí, a Juanita le gustan las uvas.*
4. *Sí, a ella le gusta caminar.*
5. *Sí, a ellos les gustan los tomates.*
6. *Sí, a los profesores les gustan las vacaciones.*
7. *Sí, a él le gusta el cereal con leche.*
8. *Sí, al bebé le gusta el jugo.*

J
1. *No, al niño no le gusta la sopa.*
2. *No, a ella no le gusta el café con azúcar.*
3. *No, a Juanita no le gustan las uvas.*
4. *No, a ella no le gusta caminar.*
5. *No, a ellos no les gustan los tomates.*
6. *No, a los profesores no les gustan las vacaciones.*
7. *No, a él no le gusta el cereal con leche.*
8. *No, al bebé no le gusta el jugo.*

K
1. *Están en un restaurante.*
2. *Sí, les gusta comer en restaurantes.*
3. *Desea pedir pollo con papas fritas y un vaso de vino.*
4. *Le gusta el helado de vainilla.*
5. *Cree que su esposo está muy gordo.*
6. *Debe comer huevos duros y una tostada.*
7. *Es flaca.*
8. *Le gusta comer un bistec con puré de papas.*
9. *No, no le gustan los huevos duros.*
10. *Le gusta el bistec.*

Preguntas personales (Sample responses)

1. *Me gusta salir con mis amigos.*
2. *Me gusta el pollo.*
3. *Me gustan las uvas y las naranjas.*
4. *Sí, me gusta comer en un restaurante.*
5. *No me gusta comer legumbres.*

Información personal (sample responses)

¿Qué te gusta comer en el desayuno?
cereal, jugo, huevos, pan tostado

¿Qué te gusta comer en el almuerzo?
un sandwich de queso, una ensalada, una soda, un helado

¿Qué te gusta comer en la comida?
pollo, papas fritas, legumbres, pudín

Diálogo

Buenos días, señor. Aquí tiene Ud. el menú.
Gracias. ¿Hay sandwiches de jamón y queso?
Sí, claro. ¿Le gusta el sandwich caliente o frío?
Me gusta caliente.
¿Qué bebida desea tomar?
Un vaso de agua fría y un café.
¿Desea algo más?
Sí, papas fritas y una ensalada.
¿Y de postre?
Un helado de chocolate. (sample response)

Key to *Cuaderno* Exercises

A
1. *Me gustan los sombreros.*
2. *Me gusta el cereal.*
3. *Me gusta la leche.*
4. *Me gustan las vacaciones.*
5. *Me gusta el pescado.*

6. *¿Te gusta la ensalada?*
7. *¿Te gustan los actores?*
8. *¿Te gusta el cine?*
9. *¿Te gustan las legumbres?*
10. *¿Te gusta el puerco?*

11. *A Luisa le gustan los frijoles.*
12. *A Luisa le gustan las tostadas.*
13. *A Luisa le gusta el jugo.*
14. *A Luisa le gusta el helado.*
15. *A Luisa le gusta la sopa.*

16. *Nos gustan las películas.*
17. *Nos gusta el pollo.*
18. *Nos gusta la mayonesa.*

19. *Nos gustan los huevos.*
20. *Nos gusta la televisión.*

21. *¿Les gusta el almuerzo?*
22. *¿Les gusta la mostaza?*
23. *¿Les gustan los vasos?*
24. *¿Les gustan las tazas?*
25. *¿Les gusta el calor?*

B
1. *A ti te gusta el café.*
2. *A Ud. le gusta el café.*
3. *A Uds. les gusta el café.*
4. *A nosotros nos gusta el café.*
5. *A ellos les gusta el café.*
6. *A ellas les gusta el café.*
7. *A Pablo le gusta el café.*
8. *A Jorge y Ana les gusta el café.*
9. *A mis padres les gusta el café.*
10. *A su hermano le gusta el café.*

C
1. *A nosotros nos gustan las clases.*
2. *A ellos les gusta la Navidad.*
3. *¿Le gusta a usted el béisbol?*
4. *A mí me gusta fumar.*
5. *A Elena le gusta hablar.*
6. *A Ricardo le gusta gastar dinero.*
7. *A Pepe le gusta el apartamento.*
8. *A nosotros nos gusta estudiar.*
9. *¿Le gustan a ella las ensaladas?*
10. *¿Les gustan a ustedes las comidas?*

D
1. *A Antonio le gusta el basquetbol.*
2. *A Graciela y a Andrés les gusta bailar.*
3. *A mis padres les gusta el teatro.*
4. *A Julio le gusta la música de rock.*
5. *A Mercedes le gustan los discos.*
6. *A Rosalía le gusta esquiar.*
7. *A los niños les gusta el cine.*

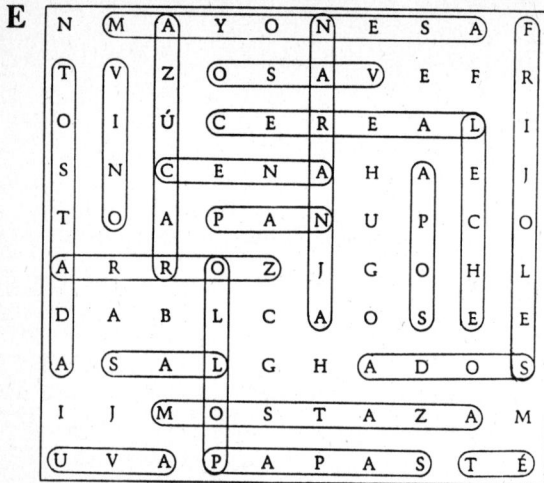

E

```
N  M  A  Y  O  N  E  S  A  F
T  V  Z  O  S  A  V  E  F  R
O  I  Ú  C  E  R  E  A  L  I
S  N  C  E  N  A  H  A  E  J
T  O  A  P  A  N  U  P  C  O
A  R  R  O  Z  J  G  O  H  L
D  A  B  L  C  A  O  S  E  E
A  S  A  L  G  H  A  D  O  S
I  J  M  O  S  T  A  Z  A  M
U  V  A  P  A  P  A  S  T  É
```

1. *mayonesa*	11. *papas*
2. *vaso*	12. *té*
3. *cereal*	13. *tostada*
4. *cena*	14. *vino*
5. *pan*	15. *azucar*
6. *arroz*	16. *pollo*
7. *sal*	17. *naranja*
8. *soda*	18. *sopa*
9. *mostaza*	19. *leche*
10. *uva*	20. *frijoles*

Quiz 16

A. Complete with the correct form of the verb **gustar**:

1. (I like) _____ las novelas.

2. (You [formal singular] like) _____ los tacos.

3. (We like) _____ los españoles.

4. (She likes) _____ gastar dinero.

5. (They like) _____ el zoológico.

6. (You [familiar singular] like) _____ las manzanas y las uvas.

7. (My parents like) _____ jugar con el perro.

8. (Juanito likes) _____ Buenos Aires.

9. (Pablo and José like) _____ los perros calientes.

10. (He likes) _____ el curso de matemáticas.

B. Complete the sentence ordering the following foods:

1. (a glass of orange juice)
   Camarero, tráigame _____.

2. (toast and butter)
   Camarero, tráigame _____.

3. (cereal with milk)
   Camarero, tráigame _____.

4. (a ham-and-cheese sandwich)
   Camarero, tráigame _____.

5. (a cup of coffee)
   Camarero, tráigame _____.

6. (lettuce-and-tomato salad)
   Camarero, tráigame _____.

7. (rice and beans)
   Camarero, tráigame _____.

8. (steak with french fries)
   Camarero, tráigame _____.

9. (vanilla ice cream)
   Camarero, tráigame _____.

10. (chocolate pudding)
    Camarero, tráigame _____.

Key to Quiz 16

A
1. *A mí me gustan*
2. *A Ud. le gustan*
3. *A nosotros nos gustan*
4. *A ella le gusta*
5. *A ellos les gusta*
6. *A ti te gustan*
7. *A mis padres les gusta*
8. *A Juanito le gusta*
9. *A Pablo y José les gustan*
10. *A él le gusta*

B
1. *un vaso de jugo de naranja*
2. *una tostada con mantequilla*
3. *cereal con leche*
4. *un sandwich de jamón y queso*
5. *una taza de café*
6. *una ensalada de lechuga y tomate*
7. *arroz con frijoles*
8. *un bistec con papas fritas*
9. *un helado de vainilla*
10. *un pudín de chocolate*

Repaso IV (Lecciones 13-16)

Key to *Actividades*

A

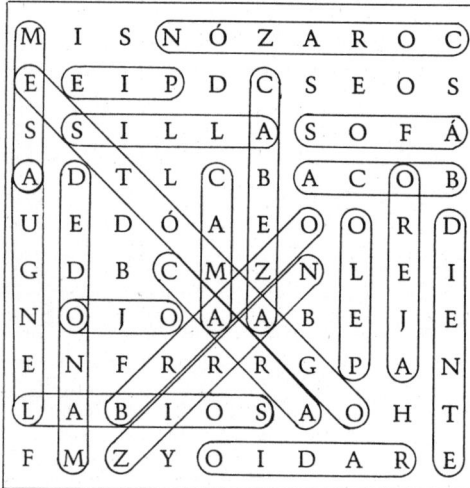

mesa	lengua	brazo
sofá	labios	nariz
silla	cara	pelo
cama	estómago	ojo
radio	pie	dedo
boca	diente	mano
corazón	oreja	cabeza

B

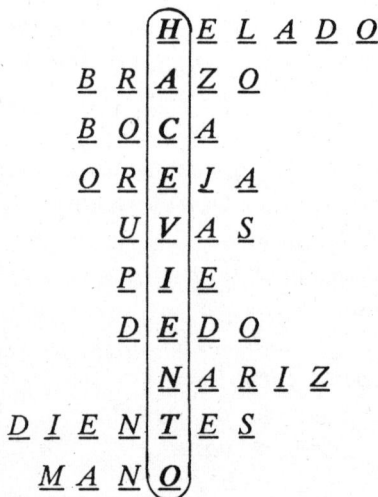

C

Restaurante «El Bohío»
Menú

SOPAS Y APERITIVOS

coctel de frutas
sardinas
sopa de pollo
sopa de verduras
ensalada de lechuga
 y tomate

PLATOS
PRINCIPALES

arroz con pollo
bistec
chuletas de puerco
hamburguesa con queso
huevos fritos con jamón
pollo frito
rosbif

POSTRES

helado de vainilla o de chocolate
pudín de pan

BEBIDAS

agua mineral
café
jugo de naranja o de tomate
té
vino
leche fría
sodas

D

	Sí	No			Sí	No
1.		✓		11.		✓
2.		✓		12.	✓	
3.		✓		13.		✓
4.		✓		14.	✓	
5.		✓		15.	✓	
6.	✓			16.	✓	
7.		✓		17.		✓
8.	✓			18.	✓	
9.	✓			19.		✓
10.	✓			20.		✓

2. *el Día de las Madres*
la primavera
Hace buen tiempo.

3. *el Año Nuevo*
el invierno
Hace frío.

4. *el Día de Acción de Gracias*
el otoño
Hace fresco.

G
1. Josefa *tiene sed.*
2. Ellos *tienen frío.*
3. Roberto *tiene hambre.*
4. El perro *tiene sueño.*
5. Nosotras *tenemos calor.*

E

```
C O M E D O R   F L A C O
O       S E R   V E   U   V
M I S   D E S E O   C A M A
I   A   O J O S   S   R   S
D E L   S A L   C U A T R O
A   A L   S O P A   O   O
  E   A     L     D O Y
L L   B E B E   O N C E
S A L I R   S E R   B   P
O   O   O     S   A Ñ O
D Í A S     A L T O Ñ   L L
A   L   P E R A   L E O   O
```

F
1. *el Día de la Independencia*
el verano
Hace calor.

H Los *médicos* dicen que el *hombre* moderno necesita más ejercicio. (La *mujer* moderna también.) Muchas personas no usan las partes de su *cuerpo*. Usan las *manos* y los *brazos* sólo para *escribir*, no para trabajar. No usan las *piernas* para ir de un lugar a otro. Toman un *taxi*, el *tren* o el *autobús*. Nos gusta *comer* y *beber* mucho a las *nueve* de la mañana o a las *diez* de la noche. Vivimos en *apartamentos* pequeños y calientes. Los *sábados* y los *domingos* no corremos en el *parque* y no trabajamos en la *casa*. Muchas personas pasan todo el día en un *sofá* mirando la *televisión*.

Unit Test 4 (Lessons 13-16)

A. The following reading passage contains five blank spaces, numbered 1 through 5. For each blank space, four possible completions are provided. Only one of them makes sense in the context of the passage. Choose the completion that makes the best sense and write its letter in the space provided:

(1) favorita de muchas personas es la primavera. Llueve un poco, pero por lo general hace buen tiempo. Hay muchas flores. Todo está verde. Los pájaros (2) en los árboles.

Otra estación preferida de muchos niños es el verano porque no hay clases y los alumnos tienen (3) muy largas. La gente va a la playa y no lleva mucha (4).

Otra estación que es muy agradable es el otoño. No hace ni mucho frío ni mucho calor, pero a veces hace mucho viento. Muchos niños están tristes porque otra vez (5) las clases.

____ (1) a. El tiempo
b. El festival
c. La celebración
d. La estación

____ (2) a. cantan
b. bailan
c. trabajan
d. viven

____ (3) a. composiciones
b. estaciones
c. vacaciones
d. acciones

____ (4) a. comida
b. ropa
c. preparación
d. gasolina

____ (5) a. tienen
b. estudian
c. terminan
d. empiezan

B. Diálogo

Mr. Romero sits down at a table in a restaurant. Take his part:

Camarero: − Buenas tardes, señor.

Sr. Romero: − _____
(Greet him and ask for the menu.)

Camarero: − Aquí tiene usted el menú.

Sr. Romero: − _____.
(Give your order.)

Camarero: — Lo siento, señor, pero no hay. ¿Desea otra cosa?

Sr. Romero: — _____.

                          (Ask him for something else.)

Camarero: — Está bien. ¿Qué va Ud. a tomar con la comida?

Sr. Romero: — _____.

                          (Tell him what you wish to drink.)

Camarero: — Muy bien. Regreso dentro de unos minutos.

Sr. Romero: — _____.

                          (Say thanks and that you are very hungry.)

C. Situations. Write an appropriate response in Spanish for the following situations:

    1. Alfredo está en la oficina del médico.
       El doctor le pregunta: — ¿Cómo estás, Alfredo?

       Alfredo dice:

       — _____

    2. Diego escucha la radio. Dicen que nieva y que hace mucho frío.
       ¿Qué estación del año es?

       _____

    3. El profesor necesita cierta información sobre los alumnos y les pregunta:
       — ¿Dónde vives?

       Tú contestas:

       — _____

    4. El señor López y su esposa entran en un restaurante.

       El camarero dice:

       — _____

5. Tú estás en un restaurante y pides un bistec. El camarero dice que no hay bistecs.

Tú le dices:

— _____

D. Composition. Write a story about the situation shown in the picture below:

_____

_____

_____

_____

_____

_____

E. Culture Quiz. Complete the following sentences dealing with Hispanic culture:

1. Chocolate is made from the beans or seeds of the _____ plant.

2. The Spanish conqueror or **conquistador** of Mexico was Hernán _____.

3. Montezuma was the emperor of the _____.

4. Spanish homes have an inner courtyard called **un** _____.

5. A fast-moving game similar to handball is called **pelota vasca** or _____.

6. A **frontón** is a long, narrow court with _____ walls.

7. A hero, hoagie or sub is known in Spanish as _____.

8. **Mortadela** is a kind of _____.

9. The Aztecs used _____ as a form of money.

10. Many Spanish homes have wrought-iron balconies and window grills, called

_____.

Key to Unit Test 4

A 1. *d*   2. *a*   3. *c*   4. *b*   5. *d*

B   (Sample responses)

Camarero: – Buenas tardes, señor.
Sr. Romero: – *Buenas tardes. El menú, por favor.*
Camarero: – Aquí tiene usted el menú.

Sr. Romero: – *Gracias. ¿Quiere traerme pollo con papas fritas?*
Camarero: – Lo siento, señor, pero no hay. ¿Desea otra cosa?
Sr. Romero: – *Bueno. Quiero un bistec y una ensalada de lechuga y tomates.*
Camarero: – Está bien. ¿Qué va Ud. a tomar con la comida?
Sr. Romero: – *Un vaso de vino.*
Camarero: – Muy bien. Regreso dentro de unos minutos.
Sr. Romero: – *Gracias. Tengo mucha hambre.*

C   (Sample responses)

1. *No estoy muy bien. Tengo fiebre.*
2. *Es invierno.*
3. *Vivo en la calle Primera número quince.*
4. *Buenas tardes. ¿En qué puedo servirles?*
5. *Entonces tráigame pollo.*

El camarero llega a su mesa y dice: — ¿Quiere Ud. el menú?

— No es necesario — contesta Ramón. — Quiero un bistec grande con muchas papas fritas.

— Lo siento, señor — dice el camarero — pero no hay bistec .

D (Sample responses)

Ramón tiene mucha hambre. Entra en el restaurante. Todo el mundo está comiendo.

Ramón pregunta: — ¿Dónde está el camarero?

E
1. *cocoa*
2. *Cortés*
3. *Aztecs*
4. *patio*
5. *jai-alai*
6. *three*
7. *sandwich cubano*
8. *bologna*
9. *cocoa beans*
10. *rejas*

Quinta Parte

Lección 17

Notes: Review Lesson 11 and the forms of **estar**. We suggest that teachers place themselves (and place students and objects) in various parts of the classroom for the practice of the prepositions, including the use of personalized questions. Examples:

Estoy delante de la clase.
Estoy al lado de la puerta.
¿Dónde estás? Estoy cerca de la ventana.
¿Dónde está Antonio? Está debajo de la mesa.
¿Dónde está su bicicleta? Está en la casa.

This type of procedure may also be carried out through the directed-dialog procedures illustrated in previous lessons.

Optional Oral Exercises

A.   Substitute the Spanish prepositions in the model sentence:

Las flores están **en** la casa.

1. beside
2. around
3. near
4. in front of
5. behind
6. far from

KEY

1. *Las flores están al lado de la casa.*
2. *Las flores están alrededor de la casa.*
3. *Las flores están cerca de la casa.*
4. *Las flores están delante de la casa.*
5. *Las flores están detrás de la casa.*
6. *Las flores están lejos de la casa.*

B. Tell where the following classroom objects or persons are in relation to the teacher:

1. near the door
2. in front of the window
3. around the teacher
4. on the street
5. at the airport
6. under the tree
7. behind the house
8. far from school
9. on the roof
10. at the bank

KEY

1. *Los alumnos están cerca de la puerta.*
2. *Los alumnos están delante de la ventana.*
3. *Los alumnos están alrededor del maestro.*
4. *Los alumnos están en la calle.*
5. *Los alumnos están en el aeropuerto.*
6. *Los alumnos están debajo del árbol.*
7. *Los alumnos están detrás de la casa.*
8. *Los alumnos están lejos de la escuela.*
9. *Los alumnos están encima del techo.*
10. *Los alumnos están en el banco.*

Key to *Actividades*

A
1. *están en la iglesia.*
2. *está en la fábrica.*
3. *están en un restaurante.*
4. *estás en la parada del autobús.*
5. *estamos en el supermercado.*
6. *está en la terminal de autobuses.*
7. *estoy en la biblioteca.*
8. *están en la estación de trenes.*
9. *están en la oficina.*
10. *están en el centro comercial.*

B
1. *En el restaurante comemos.*
2. *En el café bebemos café.*
3. *En la oficina escribimos cartas.*
4. *En la estación de trenes tomamos el tren.*
5. *En la biblioteca leemos.*
6. *En el centro comercial compramos cosas.*
7. *En el aeropuerto vemos aviones.*
8. *En el banco tenemos dinero.*
9. *En la tienda de comestibles compramos comida.*

C
1. *El árbol está al lado de la casa.*
2. *En el árbol hay dos pájaros.*
3. *La bicicleta está debajo del árbol.*
4. *Alrededor del árbol hay unas flores.*
5. *El sol está en el cielo, sobre las nubes.*
6. *El policía está en la calle, delante de la casa.*
7. *El automóvil está frente a la casa, entre dos motocicletas.*
8. *La fábrica está lejos de la casa.*
9. *Cerca de la casa hay una parada de autobús.*
10. *El avión está en el aire, sobre la casa de los Sánchez.*
11. *Detrás de la casa hay otra calle.*
12. *El gato está encima de la casa.*

D
2. *delante de*
3. *lejos de*
4. *detrás de*
5. *sobre*
6. *entre*
7. *debajo de*
8. *frente a*

E (Sample responses)

1. *está delante de la clase.*
2. *está al lado de la ventana.*
3. *está entre los escritorios de Pedro y de Olga.*
4. *está sobre el escritorio.*
5. *está al lado de la puerta.*
6. *están en la clase.*
7. *está debajo de la pizarra.*
8. *está detrás de la profesora.*

F
1. *cerca de la*	7. *en el*
2. *encima del*	8. *frente a la*
3. *al lado de*	9. *en el, sobre la*
4. *en la*	10. *detrás del*
5. *en (la)*	11. *en la*
6. *en la*	12. *sobre la*

Preguntas personales (Sample responses)

1. *Trabaja lejos de la casa.*
2. *Frente a mi casa hay una parada de autobús.*
3. *Sobre mi escritorio hay muchos libros.*
4. *En las paredes de mi cuarto hay fotos.*
5. *Detrás de mi casa hay un edificio.*

Key to *The Cognate Connection*

2. *(newspaper)*	*(publication at regular intervals)*
3. *(all)*	*(whole, entire)*
4. *(sun)*	*(of the sun)*
5. *(moon)*	*(of the moon)*
6. *(to sell)*	*(seller)*
7. *(number)*	*(to count)*
8. *(to understand)*	*(not understandable)*
9. *(against)*	*(opposed, different)*
10. *(tree)*	*(place with trees)*

ENGLISH COGNATES USED IN CONTEXT
(Sample responses)

2. *Time Magazine is a weekly periodical.*
3. *The total population of the school became ill.*
4. *Solar energy is the hope of the future.*
5. *The spaceship made a lunar landing.*
6. *There are many street vendors in our big cities.*
7. *The salesman enumerated all the advantages.*
8. *The foreigner spoke an incomprehensible language.*
9. *I hold a contrary view on the matter.*
10. *The beautiful arbor provided shade for the travelers.*

Diálogo

¿Dónde vive Carlos?
En la avenida Colón, cerca del parque.
¿Vives tú en la misma calle?
No, mi casa está lejos de allí.
¿Qué hay detrás de la casa?
Hay muchos edificios.
¿Pasan los autobuses con frecuencia?
¿Por qué haces tantas preguntas?
Practico para hacerme detective.

Información personal (Sample responses)

1. *está cerca de mi casa.*
2. *está al lado de la escuela.*
3. *está cerca de la iglesia.*
4. *está delante de la escuela.*
5. *Está cerca de la oficina de mi papá.*

Key to *Cuaderno* Exercises

A

```
                              ¹L        ²E
                          ³D  E  L  A  N  T  E
                       ⁴A          J
                    ⁵A  L  L  A  D' O
      ⁶S             R             S
      O             R
      B     ⁷D  E   D
      R     E       E             ¹¹P
      ⁸E  N  T  R ⁹E   ¹⁰D  E  B  A  J  O
         R     N       O          R
         Á  ¹²C  E  R  C  A
         S     I
               M
               A
```

B
1. *Falso. La profesora está delante de la clase.*
2. *Falso. La alumna está lejos de la puerta.*
3. *Verdadero.*
4. *Verdadero.*
5. *Falso. La profesora está al lado de la puerta.*
6. *Falso. Los libros están sobre el escritorio.*
7. *Falso. El mapa está debajo del reloj.*
8. *Falso. El reloj está en la pared.*
9. *Falso. La silla está detrás del escritorio.*
10. *Verdadero.*

C   (Sample responses)

1. *No, la tienda está lejos de aquí.*
2. *No, mamá está detrás de la puerta.*
3. *No, mi blusa está sobre (encima de) la cama.*
4. *No, la bicicleta está frente a la casa.*

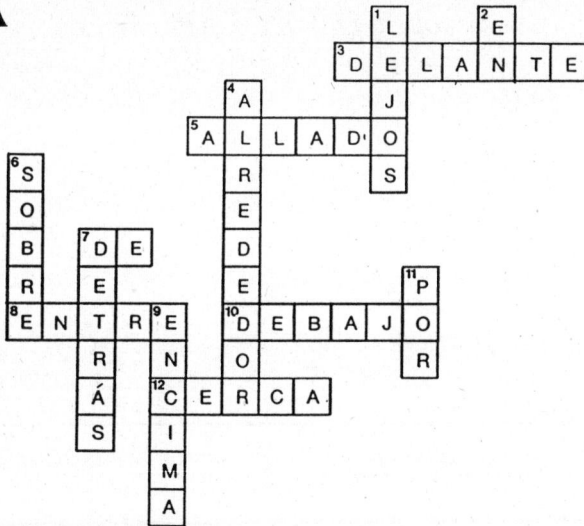

D   (Sample responses)

1. *Hay paradas de autobús alrededor del parque.*
2. *Los taxis están cerca de la terminal.*
3. *La universidad está frente a la iglesia.*
4. *La iglesia está detrás de la biblioteca.*
5. *Hay un banco entre las calles catorce y quince.*
6. *No lejos del centro comercial hay un restaurante.*
7. *Mi apartamento está delante de una tienda de comestibles.*
8. *Desde la plaza es posible ver la fábrica.*
9. *Sobre el edificio hay una bandera norteamericana.*
10. *Para ver el parque es necesario mirar por la ventana.*

E

	PRIMER CUADRO	SEGUNDO CUADRO
1.	carnicería	lechería
2.	mujer	muchacha
3.	treinta	veinte
4.	muchacho	muchachos
5.	corre	está
6.	cerrada	abierta
7.	sombrero	un sombrero
8.	pan	seis panes
9.	gato	perro
10.	ventana	ventana

F
1. *Nuestra casa está al lado de la iglesia.*
2. *Hay flores alrededor del parque.*
3. *Vivimos cerca del aeropuerto.*
4. *La parada de autobús está delante de la tienda de comestibles.*
5. *La escuela está lejos del centro comercial.*
6. *Veo la biblioteca desde mi ventana.*

7. *La calle está detrás de la biblioteca.*
8. *La oficina está entre el banco y la estación de trenes.*
9. *El automóvil está frente a la terminal de autobuses.*
10. *El policía camina por las calles.*

Quiz 17

Express the following in Spanish:

1. beside the house

_____

2. around the boy

_____

3. near the café

_____

4. under the tree

_____

5. in front of the church

_____

6. from the window

_____

7. behind the library

_____

8. in the bus terminal

_____

9. above the factory

_____

10. between the train station and the airport

_____

11. facing the office

_____

12. far from the shopping center

_____

13. through the park

_____

14. on the table

_____

15. with the secretaries

_____

Key to Quiz 17

1. *al lado de la casa*
2. *alrededor del muchacho*
3. *cerca del café*
4. *debajo del arbol*
5. *delante de la iglesia*
6. *desde la ventana*
7. *detrás de la biblioteca*
8. *en la terminal de autobuses*

9. *encima de la fábrica*
10. *entre la estación de trenes y el aeropuerto*
11. *frente a la oficina*
12. *lejos del centro comercial*
13. *por el parque*
14. *sobre la mesa*
15. *con las secretarias*

Lección 18

Notes: Mastery of numbers to 100 can be achieved through counting by 2s, 3s, 4s, 5s, and so on; by counting play money (preferably Spanish) or by having students give simple math problems to one another.

The playlet about an auction on page 305 of the textbook lends itself to class dramatization, in which students substitute their own objects and use their own numbers.

Optional Oral Exercises

A. Write the number you hear in figures:*

1. setenta y ocho
2. noventa y tres
3. cincuenta y siete
4. sesenta y seis
5. ochenta y nueve
6. cuarenta y dos
7. treinta y cuatro
8. ciento quince
9. veinte y uno
10. diez y seis

*Alternate direction: Write out the number you hear in Spanish.

KEY

1. 78	5. 89	8. 115
2. 93	6. 42	9. 21
3. 57	7. 34	10. 16
4. 66		

B. Give the number that comes after the number you hear:

1. setenta y nueve
2. ochenta y seis
3. treinta y ocho
4. cincuenta y dos
5. noventa y cinco
6. quince
7. ciento seis
8. setenta y cinco
9. veinte y cuatro
10. cuarenta y siete

KEY

1. *ochenta*
2. *ochenta y siete*
3. *treinta y nueve*
4. *cincuenta y tres*
5. *noventa y seis*
6. *diez y seis*
7. *ciento siete*
8. *setenta y seis*
9. *veinte y cinco*
10. *cuarenta y ocho*

C. Give the number that comes before the number you hear:

1. setenta y dos
2. ciento trece
3. cincuenta y seis
4. cuarenta y uno
5. sesenta y tres
6. ochenta y ocho
7. ciento
8. ochenta y cuatro
9. treinta y cinco
10. veinte

KEY

1. *setenta y uno*
2. *ciento doce*
3. *cincuenta y cinco*
4. *cuarenta*
5. *sesenta y dos*
6. *ochenta y siete*
7. *noventa y nueve*
8. *ochenta y tres*
9. *treinta y cuatro*
10. *diez y nueve*

D. ¿Cuántos son

1. treinta y ochenta?
2. sesenta menos veinte?
3. ciento dividido por cinco?
4. diez por nueve?

5. veinte y cincuenta?
6. noventa menos cuarenta?
7. cuarenta y nueve dividido por siete?
8. cinco por once?

KEY

1. *Treinta y ochenta son ciento diez.*
2. *Sesenta menos veinte son cuarenta.*
3. *Ciento dividido por cinco son veinte.*
4. *Diez por nueve son noventa.*
5. *Veinte y cincuenta son setenta.*
6. *Noventa menos cuarenta son cincuenta.*
7. *Cuarenta y nueve dividido por siete son siete.*
8. *Cinco por once son cincuenta y cinco.*

Key to Structures

1 How do you say twenty-three in Spanish? *veinte y tres* twenty-nine? *veinte y nueve*

Key to *Actividades*

A
1. 25	5. 79	8. 34
2. 83	6. 98	9. 15
3. 51	7. 42	10. 18
4. 66		

B
1. 76	5. 52	8. 88
2. 67	6. 33	9. 45
3. 100	7. 13	10. 91
4. 11		

C
1. *treinta y tres*
2. *treinta y ocho*
3. *cuarenta y cuatro*
4. *cincuenta y cuatro*
5. *sesenta y siete*
6. *setenta y cinco*
7. *ochenta y ocho*
8. *ochenta y nueve*

9. *noventa y nueve*
10. *ciento*

D
1. *uno, once*
2. *dos, doce*
3. *tres, trece, treinta*
4. *cuatro, catorce, cuarenta*
5. *cinco, quince, cincuenta*
6. *seis, diez y seis, sesenta*
7. *siete, diez y siete, setenta*
8. *ocho, diez y ocho, ochenta*
9. *nueve, diez y nueve, noventa*

E
1. *cincuenta, ciento, noventa*
2. *diez, uno, trece*
3. *veinte, ochenta y ocho, noventa*
4. *veinte, ocho, cinco*

F
1. *El autor es Juan Malí.*
2. *El título es «El perro que come queso en cama».*
3. *Creen que el cuadro es horrible (monstruoso).*
4. *Dos personas desean el cuadro.*
5. *Ángela paga cien dólares.*
6. *La amiga de Ángela se llama Matilde.*
7. *Porque desea saludar a su amiga.*
8. *No, Ángela no desea comprar el cuadro.*

G

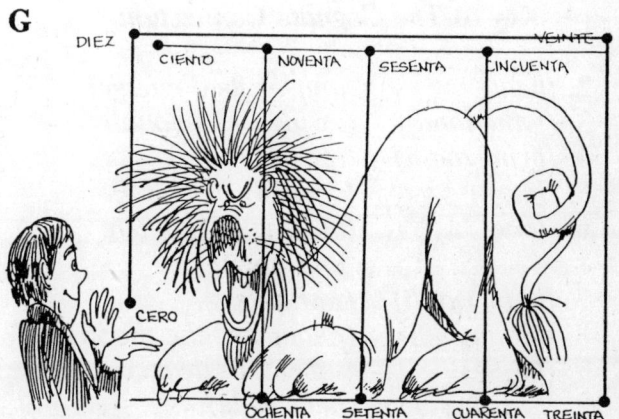

Diálogo (Sample responses)

Es un cuadro muy interesante.
Es uno de mis favoritos.
¿Qué representa?
El amor y la inocencia.
¿Cuánto desea por el cuadro?
Cien dólares.
Es mucho.
Es un cuadro extraordinario.

Preguntas personales (Sample responses)

1. *En mi clase de español hay veinte alumnos.*
2. *En mi clase de inglés hay treinta alumnos.*
3. *Tengo catorce discos.*
4. *Tengo seis amigos y cuatro amigas.*
5. *El periódico cuesta un dólar.*

Información personal (Sample responses)

1. *trece*
2. *seis*
3. *diez*
4. *cuarenta y nueve*
5. *nueve cinco tres dos ocho uno siete*
6. *noventa*
7. *sesenta*
8. *veinte y siete* de *febrero*

Key to The Cognate Connection

2. (heat)   (unit of food energy)
3. (fatherland)   (loving one's country)
4. (living room)   (elegant room)
5. (late)   (belated)
6. (time)   (relating to the here
                      and now)
7. (to be worth)   (worthiness)
8. (moon)   (relating to the moon)
9. (to die)   (subject to death)
10. (to believe)   (believable)

ENGLISH COGNATES USED IN CONTEXT
(Sample responses)

2. *Ice cream has a lot of calories.*
3. *Reciting the Pledge of Allegiance is patriotic.*
4. *The salon was richly furnished.*
5. *Good students are never tardy.*
6. *Human concerns are both temporal and spiritual.*
7. *This document has great value.*
8. *Our calendar is not based on the lunar cycle.*
9. *All humans are mortal.*
10. *The witness gave much credible evidence.*

Key to Cuaderno Exercises

A   1. *diez, diez y ocho*
    2. *once, veinte y siete*
    3. *doce, treinta y cuatro*
    4. *una, cuarenta y seis*
    5. *dos, cincuenta y siete*
    6. *tres, sesenta y nueve*
    7. *cuatro, setenta y tres*
    8. *cinco, ochenta y cinco*
    9. *seis, noventa y ocho*
   10. *siete, ciento doce*

B   1. diez, doce, *catorce, diez y seis, diez y ocho,* veinte, *veinte y dos*
    2. treinta, cuarenta, *cincuenta, sesenta, setenta, ochenta, noventa,* ciento
    3. quince, veinte, *veinte y cinco, treinta, treinta y cinco,* cuarenta, cuarenta y cinco, *cincuenta, cincuenta y cinco,* sesenta

4. ciento, noventa, *ochenta, setenta,*
   sesenta, cincuenta, *cuarenta, treinta*
   veinte, *diez*
5. tres, seis, nueve, *doce, quince,*
   diez y ocho, veinte y uno

C   1. *diez, treinta y tres, cincuenta y cuatro*
2. *diez y siete, noventa y seis, ochenta y*
   uno
3. *setenta y cinco, veinte, sesenta y seis*
4. *cuarenta y uno, noventa, cincuenta*
5. *quince, veinte y cinco, setenta y nueve*
6. *ochenta y ocho, treinta y nueve, doce*

D   1. *setenta y nueve*   6. *ochenta y tres*
2. *sesenta y cinco*   7. *veinte y uno*
3. *setenta y seis*   8. *treinta y dos*
4. *cuarenta y dos*   9. *ochenta y siete*
5. *cincuenta y uno*   10. *treinta y nueve*

E   1. *uno setenta*
   uno diez
   dos ochenta

2. *uno quince*
   cincuenta y cinco centavos
   uno setenta
3. *uno quince*
   ochenta y cinco centavos
   uno cuarenta
   tres cuarenta
4. *tres dólares*
   uno diez
   cuatro diez
5. *uno cincuenta*
   cincuenta y cinco centavos
   setenta centavos
   dos setenta y cinco
6. *dos treinta*
   uno cuarenta
   tres setenta

F (Sample responses)

Me llamo Mary Elizabeth Wilson. Tengo trece años de edad. Vivo en Los Ángeles, en la calle primera esquina a avenida Madison. Tengo tres hermanos y dos hermanas. Tengo dos amigos mexicanos. Hablo español bien.

Quiz 18

Complete the following, writing out the numbers in Spanish:

1. (22) _____ dólares

2. (35) _____ días

3. (41) _____ personas

4. (56) _____ minutos

    5. (63) _____ centavos

    6. (78) _____ kilómetros

    7. (89) _____ grados

    8. (91) _____ hombres

    9. (100) _____ años

    10. (110) _____ libras

Key to Quiz 18

1. *veinte y dos*
2. *treinta y cinco*
3. *cuarenta y una*
4. *cincuenta y seis*
5. *sesenta y tres*

6. *setenta y ocho*
7. *ochenta y nueve*
8. *noventa y un*
9. *cien*
10. *ciento diez*

Lección 19

Notes: Practice the vocabulary in this lesson with the aid of a map so as to motivate students to express where they (would like to) go, what they (would like to) do, where and when they would go and do it, where they come from − all intended to require the use of the verb **ir** (the structural topic of this lesson).

Optional Oral Exercises

A. Express the form of the verb **ir** with the subject you hear.

1. yo
2. nosotros
3. él
4. usted
5. Pablo y Juan
6. ella
7. tú
8. María
9. ellos
10. Lola y Marta

KEY

    1. *yo voy*

    2. *nosotros vamos*

3. *él va*
4. *usted va*
5. *Pablo y Juan van*
6. *ella va*
7. *tú vas*
8. *María va*
9. *ellos van*
10. *Lola y Marta van*

B. Say in Spanish that you are going by the following means of transportation:

Example: by motorcycle
    Voy en motocicleta.

1. by train
2. by bicycle
3. by plane
4. by taxi
5. by car
6. by bus

KEY

1. *Voy en tren.*   4. *Voy en taxi.*
2. *Voy en bicicleta.* 5. *Voy en automóvil.*
3. *Voy en avión.*   6. *Voy en autobús.*

C. Ask your teacher if he or she is going to the following places:

Example: the movies
¿Va Ud. al cine?

1. the park   5. the theater
2. the bank   6. Puerto Rico
3. the party   7. school
4. the store   8. home

KEY

1. *¿Va usted al parque?*
2. *¿Va usted al banco?*
3. *¿Va usted a la fiesta?*
4. *¿Va usted a la tienda?*
5. *¿Va usted al teatro?*
6. *¿Va usted a Puerto Rico?*
7. *¿Va usted a la escuela?*
8. *¿Va usted a la casa?*

D. Say in Spanish that Pablo is *not* going to do the following:

Example: eat
Pablo no va a comer.

1. dance   5. live there
2. study   6. buy a car
3. sing   7. watch television
4. speak English 8. work a lot

KEY

1. *Pablo no va a bailar.*
2. *Pablo no va a estudiar.*

3. *Pablo no va a cantar.*
4. *Pablo no va a hablar inglés.*
5. *Pablo no va a vivir allí.*
6. *Pablo no va a comprar un automóvil.*
7. *Pablo no va a mirar la televisión.*
8. *Pablo no va a trabajar mucho.*

E. Directed dialog (See Lesson 4, Optional Oral Exercise F, for full procedure.)

Pregúntale a un alumno (a una alumna) si va

1. a la escuela.
2. a Puerto Rico en avión.
3. a la tienda.
4. al hospital.
5. a su trabajo.

KEY

1. STUDENT #1
   ¿Vas a la escuela?
   STUDENT #2
   Sí, voy a la escuela.
2. STUDENT #1
   ¿Vas a Puerto Rico en avión?
   STUDENT #2
   Sí, voy a Puerto Rico en avión.
3. STUDENT #1
   ¿Vas a la tienda?
   STUDENT #2
   Sí, voy a la tienda.
4. STUDENT #1
   ¿Vas al hospital?
   STUDENT #2
   Sí, voy al hospital.
5. STUDENT #1
   ¿Vas a tu trabajo?
   STUDENT #2
   Sí, voy a mi trabajo.

LA CARRETERA

Words and Music by
Rupert A. Johnson

Me sien - to muy fe - liz cuando estoy via - jan - do

don - de los ca - mio - nes siem - pre es tán pa - san - do.

En la ca - rre - te ra es co - mo u - na fun - ción.

To - can la bo - ci - na en for - ma de can - ción.

VOCABULARIO

la carretera *the highway*
me siento *I feel*
feliz *happy*
estoy viajando *I'm traveling*

los camiones *the trucks*
están pasando *are passing by*
tocar *to sound*
la bocina *the horn*

Key to *Actividades*

A
1. *h*	3. *e*	5. *a*	7. *d*
2. *g*	4. *f*	6. *b*	8. *c*

B
1. *Está en Acapulco.*
2. *Va a la playa.*
3. *Carmen va a ser la guía.*
4. *Van a visitar los lugares interesantes.*
5. *Espera recibir dinero y una carta.*

C
1. *El fin de semana voy al circo.*
2. *El fin de semana voy a la playa.*
3. *El fin de semana voy al parque zoológico.*
4. *El fin de semana voy al concierto.*
5. *El fin de semana voy a la piscina.*
6. *El fin de semana voy al parque.*

D
1. *Vamos al estadio.*
2. *Vamos a la biblioteca.*
3. *Vamos a la discoteca.*
4. *Vamos al restaurante.*
5. *Vamos a la fiesta.*
6. *Vamos al teatro.*

E
1. *vas*	5. *Van*	9. *Va*
2. *vamos*	6. *va*	10. *va*
3. *Vas*	7. *van, van*	11. *van*
4. *van*	8. *van*	12. *va*

F (Sample responses)

1. *Sí, voy a la discoteca con mis amigos.*
2. *Van a Sudamérica.*
3. *Sí, vamos al cine con frecuencia.*
4. *Mi hermana va al supermercado.*
5. *Sí, voy a la playa en el verano.*
6. *No, no vamos al jardín zoológico.*
7. *Van al cine.*
8. *Sí, tengo un hermano que va a la universidad*

G
1. *Pepe y Marta van al cine en taxi.*
2. *Mi hermano va a la tienda en bicicleta.*
3. *Nosotros vamos a la fiesta en metro.*
4. *Mis amigos van a la playa en automóvil.*
5. *María va a la escuela a pie.*
6. *Mis padres van al banco a pie.*
7. *Yo voy al trabajo en autobús.*
8. *El médico va al hospital en su coche.*
9. *Mis abuelos van a Miami en tren.*
10. *Los López van a Puerto Rico en avión.*

H (Sample responses)

1. Carlos y María *van a la playa.*
2. Yo *voy a visitar a mis abuelos.*
3. Uds. *van al cine.*
4. Tú *vas a la piscina.*
5. Carmen *va a la discoteca.*
6. Nosotros *vamos al concierto de rock.*

I
1. *Mi hermana va a trabajar en una oficina.*
2. *Mis padres van a ir a la playa.*
3. *Voy a visitar a mis abuelos.*
4. *Mi tío va a estudiar en España.*
5. *Vamos a comprar un perro y un gato.*
6. *¿Qué va a hacer Ud.?*
   (¿Qué vas a hacer?)

J
1. *agencia de viajes*
2. *esposa*
3. *hermanas*
4. *vacaciones*
5. *una isla tropical*
6. *palmera*
7. *San Juan*
8. *la playa*
9. *lejos de*
10. *avión*
11. *música puertorriqueña*
12. *México*

Preguntas personales (Sample responses)

1. *Voy a una discoteca.*
2. *Voy (Vamos) al cine.*
3. *Voy al cine todos los sábados.*
4. *Voy a (ir a) Puerto Rico.*
5. *Voy a casa.*

Diálogo (Sample responses)

¿Adónde quiere ir usted?
A un país tropical con playas y palmeras.
¿Tiene un lugar preferido?
No. ¿Qué recomienda usted?
¿Prefiere una isla del Caribe?
No importa. Quiero ir a un lugar romántico, con hoteles excelentes.
¿Cuándo tiene usted vacaciones?
Durante los meses de julio y agosto.

Información personal (Sample responses)

1. *El lunes voy a la escuela.*
2. *El martes voy a la tienda.*
3. *El miércoles voy al banco.*
4. *El jueves voy a visitar a mis amigos.*
5. *El domingo voy al parque.*

Key to *The Cognate Connection*

2. *(elevator)*	*(to go up)*
3. *(to owe)*	*(one who owes money)*
4. *(strong)*	*(strong place or position)*
5. *(to dress)*	*(official robe or garment)*
6. *(soon)*	*(on time)*
7. *(door)*	*(gate, entrance)*
8. *(neighbor)*	*(neighborhood)*
9. *(eye)*	*(eye doctor)*
10. *(wind)*	*(circulation of fresh air)*

ENGLISH COGNATES USED IN CONTEXT
(Sample responses)

2. *The plane began to ascend.*
3. *Those who owed money were sent to a debtor's prison*
4. *The enemy troops stormed the fortification.*
5. *The bishop donned his vestments for the ceremony.*
6. *A prompt reply would be appreciated.*
7. *The throng passed through the portals of the city.*
8. *The students live in the vicinity of the college.*
9. *You should have your eyes examined by an oculist.*
10. *Because of the natural ventilation, there is no need for air conditioning.*

Key to *Cuaderno* Exercises

A
1. Yo *voy a la escuela mañana.*
2. Ellos *van a la escuela mañana.*
3. Ud. *va a la escuela mañana.*
4. Nosotros *vamos a la escuela mañana.*
5. Uds. *van a la escuela mañana.*
6. Nuestros amigos *van a la escuela mañana.*
7. La profesora *va a la escuela mañana.*
8. Tú *vas a la escuela mañana.*
9. Jacinto y su hermano *van a la escuela mañana.*
10. Tú y yo *vamos a la escuela mañana.*

B
1. *Yo voy a los Estados Unidos.*
2. *Tú vas a París.*
3. *Él va a Buenos Aires.*
4. *Ella va a Tegucigalpa.*
5. *Ud. va a Santiago de Chile.*
6. *Nosotros vamos a La Paz.*
7. *Uds. van a Miami.*
8. *Ellos van a Londres.*

9. *María va a Madrid.*
10. *Jorge y su mamá van a Quito.*

7. *¿Adónde va Ud. mañana?*
8. *Todos nuestros amigos van al concierto.*
9. *Ustedes siempre van en automóvil.*
10. *¿Quién va a la discoteca?*

C
1. *voy*
2. *van*
3. *Va*
4. *vamos*
5. *va*
6. *Van*
7. *va*
8. *vas*
9. *vamos*
10. *van*

E
1. *No. El hombre va a la estación.*
2. *Sí.*
3. *Sí.*
4. *No. La mujer va al garaje.*
5. *No. La ambulancia va al hospital.*
6. *No. Yo voy al teatro.*
7. *Sí.*
8. *No, nosotros vamos al cine.*
9. *Sí.*
10. *No. Yo voy a la farmacia.*

D
1. *Voy al cine ahora.*
2. *¿Vas a la piscina?*
3. *La chica va a la playa.*
4. *Vamos al circo.*
5. *Voy a mi clase de español todos los días.*
6. *Mis padres van a Montevideo en avión.*

Quiz 19

A. Complete the sentences with a form of the verb **ir**:

1. Yo _____ a mi clase de español.

2. Tú _____ al trabajo.

3. Él no _____ a estudiar.

4. ¿_____ Ud. a la biblioteca ahora?

5. Ella _____ a la casa de una amiga.

6. Nosotros _____ a comer el desayuno.

7. Benjamín _____ a un hotel de Acapulco.

8. ¿_____ Uds. a ver la película?

9. Ud. y yo _____ a pasar nuestras vacaciones aquí.

10. Luis y sus padres _____ a España en el verano.

B. Express in complete Spanish sentences:

1. I am going to the movies.

_____

2. I am going to the concert.

_____

3. I am going to the stadium.

_____

4. I am going to the zoo.

_____

5. I am going to the beach.

_____

6. I am going to the circus.

_____

7. I am going to the discoteque.

_____

8. I am going to the party.

_____

9. I am going to the swimming pool.

_____

10. I am going to the theater.

_____

C. Express in complete Spanish sentences:

1. I am going by car.

_____

2. I am going by bus.

_____

3. I am going by train.

_____

4. I am going by taxi.

_____

5. I am going by plane.

_____

Key to Quiz 19

A 1. *voy*   6. *vamos*
      2. *vas*   7. *va*
      3. *va*   8. *Van*
      4. *Va*   9. *vamos*
      5. *va*   10. *van*

B 1. *Voy al cine.*   6. *Voy al circo.*
      2. *Voy al concierto.*   7. *Voy a la discoteca.*
      3. *Voy al estadio.*   8. *Voy a la fiesta.*
      4. *Voy al parque*   9. *Voy a la piscina.*
         zoológico.   10. *Voy al teatro.*
      5. *Voy a la playa.*

C 1. *Voy en automóvil.*   4. *Voy en taxi.*
      2. *Voy en autobús.*   5. *Voy en avión.*
      3. *Voy en tren.*

Lección 20

Notes: Pictures, posters, and other props will help motivate students in the presentation of the vocabulary for this lesson. The same visual aid may serve for practicing forms of **querer**. Ask questions about what students want (or want to do) while pointing to different objects. Directed-dialog procedures illustrated in Optional Oral Exercise F, Lesson 4, are also useful.

Optional Oral Exercises

A. Express the form of the verb **querer** with the subject you hear:

1. él
2. nosotros
3. tú
4. ellos
5. Ernesto
6. yo
7. ella
8. Ana
9. usted
10. Roberto y Rosita

KEY

1. *él quiere*
2. *nosotros queremos*
3. *tú quieres*
4. *ellos quieren*
5. *Ernesto quiere*
6. *yo quiero*
7. *ella quiere*
8. *Ana quiere*
9. *usted quiere*
10. *Roberto y Rosita quieren*

B. Form questions asking if the subject you hear wants what is indicated:

1. él/una manzana
2. nosotros/jugo
3. tú/queso
4. ellos/pan
5. Ernesto/leche
6. yo/helado
7. ella/estudiar
8. Ana/trabajar
9. usted/un taco
10. Roberto y Rosita/ir al cine

KEY

1. *¿Quiere él una manzana?*
2. *¿Queremos nosotros jugo?*
3. *¿Quieres tú queso?*
4. *¿Quieren ellos pan?*
5. *¿Quiere Ernesto leche?*
6. *¿Quiero yo helado?*
7. *¿Quiere ella estudiar?*
8. *¿Quiere Ana trabajar?*
9. *¿Quiere usted un taco?*
10. *¿Quieren Roberto y Rosita ir al cine?*

C. Make the following sentences negative:

1. Él quiere una manzana.
2. Nosotros queremos jugo.
3. Tú quieres queso.
4. Ellos quieren pan.
5. Ernesto quiere leche.
6. Yo quiero helado.
7. Ella quiere estudiar.
8. Ana quiere trabajar.
9. Usted quiere tacos.
10. Roberto y Rosita quieren ir al cine.

KEY

1. *Él no quiere una manzana.*
2. *Nosotros no queremos jugo.*
3. *Tú no quieres queso.*
4. *Ellos no quieren pan.*
5. *Ernesto no quiere leche.*
6. *Yo no quiero helado.*
7. *Ella no quiere estudiar.*
8. *Ana no quiere trabajar.*

9. *Usted no quiere tacos.*
10. *Roberto y Rosita no quieren ir al cine.*

D. Directed dialog (See Lesson 4, Optional Oral Exercise F, for full procedure.)

Pregúntale a un alumno (a una alumna) si quiere

1. frutas frescas.
2. comprar unas cosas.
3. comer enchilada.
4. mirar la televisión.
5. vivir en Madrid.

KEY

1. STUDENT #1
¿Quieres frutas frescas?
STUDENT #2
Sí, quiero frutas frescas.
2. STUDENT #1
¿Quieres comprar unas cosas?
STUDENT #2
Sí, quiero comprar unas cosas.
3. STUDENT #1
¿Quieres comer enchilada?
STUDENT #2
Sí, quiero comer enchilada.
4. STUDENT #1
¿Quieres mirar la televisión?
STUDENT #2
Sí, quiero mirar la televisión.
5. STUDENT #1
¿Quieres vivir en Madrid?
STUDENT #2
Sí, quiero vivir en Madrid.

Key to *Actividades*

A 1. *una cucharita*   3. *una cesta*
2. *una servilleta*   4. *ensalada de papas*

5. *un sandwich de rosbif*   8. *zanahorias*
6. *un cuchillo*   9. *cerezas*
7. *atún*   10. *un tenedor*

B (Sample responses)

1. *Me gusta la ensalada de papas.*
2. *Me gustan las cerezas.*
3. *No me gusta el queso.*
4. *Me gustan las uvas.*
5. *Me gusta la naranjada.*
6. *No me gusta la lechuga.*
7. *No me gusta el tocino.*
8. *Me gustan las salchichas.*
9. *No me gusta la leche.*
10. *Me gustan las legumbres.*

C 1. *Va a un picnic.*
2. *Quiere llevar un termo grande de naranjada fría.*
3. *María y Rosa quieren comer pollo frito.*
4. *Jaime quiere comer ensalada de papas y perros calientes.*
5. *Quiere ir al picnic también.*
6. *Porque tiene el automóvil.*

D 1. *Tú quieres un helado.*
2. *Él quiere una manzana.*
3. *Ud. quiere un huevo duro.*
4. *Margarita quiere una naranjada.*
5. *Nosotros queremos perros calientes.*
6. *Yo quiero un sandwich de atún.*
7. *Carlos y Rosa quieren hacer un picnic.*
8. *Uds. quieren pollo frito.*
9. *Mis abuelos quieren una casa bonita.*
10. *Roberto quiere un gato blanco.*

E (Sample responses)

1. *Quiero un sandwich de pollo.*
2. *Quiero el sandwich con mayonesa.*
3. *Quiero una ensalada de papas.*

4. *Quiero una naranjada.*
5. *Quiero helado de vainilla.*

F 1. *Nosotros queremos jugar al tenis.*
2. *Mario quiere ir al cine.*
3. *Tú quieres salir de compras.*
4. *Uds. quieren mirar la televisión.*
5. *María quiere visitar un museo.*
6. *Yo quiero hacer un picnic.*
7. *Ana y Luisa quieren ir a una discoteca.*
8. *Jorge y Jaime quieren trabajar.*

G 1. *Hay manzanas, bananas, limones, cerezas, melones y uvas.*
2. *Está en la sección de la carne.*
3. *Hay papas, zanahorias, tomates y maíz.*
4. *Están en la sección de huevos.*

5. *Venden jamón, pollo y salchichas.*
6. *Está en la sección de pan.*
7. *Están en la sección de productos lácteos.*
8. *Están al lado de la sección de productos lácteos.*
9. *Están en la sección de legumbres.*

H 1. *grupo* de *tiendas*
2. *secciones*
3. *frutas* y *legumbres*
4. *carne*
5. *panadería*
6. *lácteos*
7. *comestibles*
8. *libros, tarjetas, discos y ropa*
9. *barbero*
10. *médico*

I

Preguntas personales (Sample responses)

1. *Quiero salir con mis amigos.*
2. *Quieren visitar a mis abuelos.*
3. *Compramos nuestra comida en el supermercado.*
4. *Quiero comer pollo frito y ensalada.*
5. *Quiero ver el programa «Sesenta Minutos».*

Información personal (Sample responses)

1. *jamón*
2. *huevos*
3. *mantequilla*
4. *pan*
5. *leche*
6. *frutas frescas*
7. *legumbres*
8. *pollo*
9. *papas*
10. *atún*

Diálogo

Buenas tardes. ¿En qué puedo servirle?
¿Tiene usted carne fresca?
Sí, claro. ¿Qué quiere usted?
Quiero un pollo.
Está bien. ¿Quiere algo más?
Sí, necesito pan y dos litros de leche.
¿Eso es todo?
Sí, ¿cuánto es?

Key to *Cuaderno* Exercises

A
1. *quiero una ensalada.*
2. *quieren una ensalada.*
3. *quiere una ensalada.*
4. *queremos una ensalada.*
5. *quieren una ensalada.*
6. *quiere una ensalada.*
7. *quieren una ensalada.*
8. *quieres una ensalada.*
9. *quieren una ensalada.*
10. *queremos una ensalada.*

B
1. *Yo quiero una cuchara.*
2. *Tú quieres una servilleta.*
3. *Él quiere un sandwich.*
4. *Ella quiere una cucharita.*
5. *Ud. quiere una naranjada.*
6. *Nosotros queremos una ensalada.*
7. *Uds. quieren una cesta de frutas.*
8. *Ellos quieren huevos fritos.*
9. *Luisa quiere un plato de zanahorias.*
10. *Jaime y su papá quieren salchichas.*

C
1. *quiero*
2. *quieren*
3. *Quiere*
4. *queremos*
5. *quiere*
6. *Quieren*
7. *quiere*
8. *quieres*
9. *queremos*
10. *quieren*

D (Sample responses)

Pepe.–La radio dice que va a hacer buen tiempo el sábado y el domingo.
Usted.–*¿Por qué no vamos a un picnic?*
Pepe.–Es muy buena idea. ¿Adónde quieres ir?
Usted–*Quiero ir al parque o a la playa.*
Pepe.–Sí, ¿por qué no? ¿Qué vamos a comer?
Usted.–*Quiero comer sandwiches, hamburguesas o perros calientes.*
Pepe.–Está bien. Yo voy a traer los cubiertos y los refrescos. ¿Quieres preparar algo?
Usted.–*Voy a preparar sandwiches de jamón y queso y ensalada de huevos.*
Pepe.–¡Estupendo! Hasta el sábado.
Usted.–*Adiós, Pepe.*

E (Sample responses)

1 *jamón*
queso
bananas
soda
ensalada de papas
cucharas y cuchillos

2 *pollo*   *soda*
   salchichas *leche*
   huevos   *helado*

Quiz 20

A. Complete the sentences with the correct form of **querer**:

1. ¿_____ Uds. más café?

2. Yo no _____ más carne.

3. ¿_____ tú un refresco?

4. Pepe y yo _____ salir ahora.

5. ¿No _____ Ud. comer algo?

6. Ellos _____ beber una soda fría.

7. Nosotros _____ jugar al béisbol mañana.

8. Gloria y Maruja _____ ir al cine.

9. Mi mamá _____ un helado de chocolate.

10. Ellas _____ ir a la universidad.

B.   Express in complete Spanish sentences that you and your sister want the following:

1. two knives _____

2. two forks _____

3. a spoon _____

4. napkins _____

5. hard-boiled eggs _____

6. tuna fish _____

7. orangeade _____

8. potato salad _____

9. a basket of fruit _____

10. two roastbeef sandwiches _____

Key to Quiz 20

A 1. *Quieren*   6. *quieren*
     2. *quiero*   7. *queremos*
     3. *Quieres*   8. *quieren*
     4. *queremos*   9. *quiere*
     5. *quiere*   10. *quieren*

     3. *Queremos una cuchara.*
     4. *Queremos servilletas.*
     5. *Queremos huevos duros.*
     6. *Queremos atún.*
     7. *Queremos naranjada.*
     8. *Queremos ensalada de papas.*

B 1. *Queremos dos cuchillos.*
     2. *Queremos dos tenedores.*

     9. *Queremos una cesta de frutas.*
     10. *Queremos dos sandwiches de rosbif.*

Repaso V (Lecciones 17-20)

Key to *Actividades*

A

1. *café*
2. *mostaza*
3. *jugo*
4. *tomates*
5. *helado*
6. *pollo*
7. *uvas*
8. *papas*
9. *frutas*
10. *jamón*
11. *huevos*
12. *pan*
13. *leche*
14. *arroz*
15. *queso*
16. *carne*
17. *té*
18. *chocolate*
19. *atún*
20. *sal*

B (C in hardcover text)

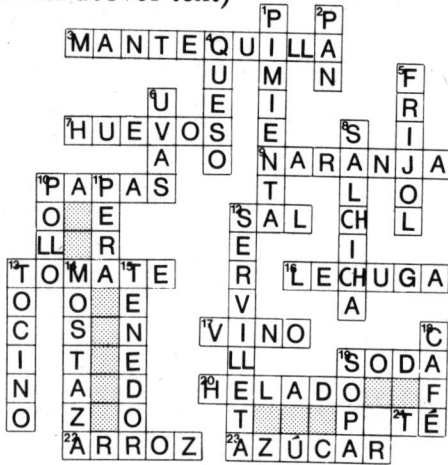

Crossword puzzle answers:

MANTEQUILLA, PLAN, PAN, QUESO, PIMIENTA, FRIJOL, HUEVOS, NARANJA, SALCHICHA, PAPAS, PERA, TOMATE, SAL, SERVILLETA, LECHUGA, TOCINO, OLLA, LANGOSTA, VINO, CAFE, SODA, HELADO, TE, ARROZ, AZUCAR

C (B in hardcover text)

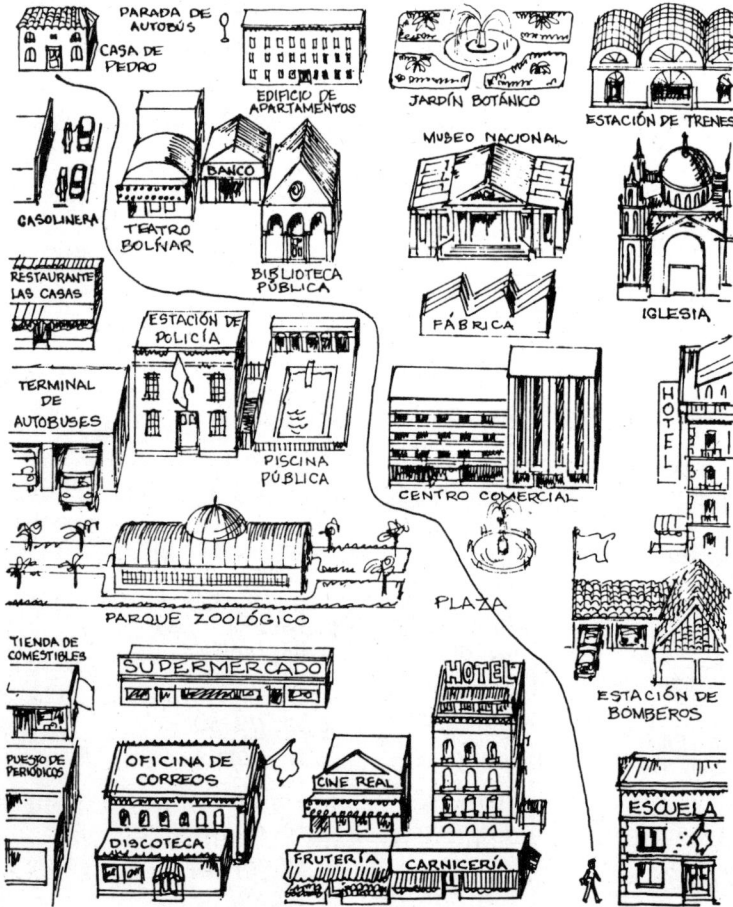

PARADA DE AUTOBÚS
CASA DE PEDRO
EDIFICIO DE APARTAMENTOS
JARDÍN BOTÁNICO
ESTACIÓN DE TRENES
GASOLINERA
BANCO
TEATRO BOLÍVAR
BIBLIOTECA PÚBLICA
MUSEO NACIONAL
FÁBRICA
IGLESIA
RESTAURANTE LAS CASAS
ESTACIÓN DE POLICÍA
TERMINAL DE AUTOBUSES
PISCINA PÚBLICA
CENTRO COMERCIAL
HOTEL
PARQUE ZOOLÓGICO
PLAZA
ESTACIÓN DE BOMBEROS
TIENDA DE COMESTIBLES
SUPERMERCADO
HOTEL
PUESTO DE PERIÓDICOS
OFICINA DE CORREOS
CINE REAL
ESCUELA
DISCOTECA
FRUTERÍA
CARNICERÍA

1. *la casa de Pedro*
2. *la gasolinera*
3. *el teatro Bolívar*
4. *el restaurante*
5. *el banco*
6. *la estación de policía*
7. *la biblioteca pública*
8. *la piscina pública*
9. *el centro comercial*
10. *el parque zoológico*
11. *la plaza*
12. *la estación de bomberos*
13. *el hotel*
14. *la carnicería*
15. *la escuela*

D (Sample responses)

1.

1	2	3	4	5	6	7	8	9	10
10	11	12	13	14	15	16	17	18	19
20	22	24	26	28	30	32	34	36	38
16	18	20	22	24	26	28	30	32	34
8	9	10	11	12	13	14	15	16	17
1	2	3	4	5	6	7	8	9	10
▸7	▸7	▸7	▸7	▸7	▸7	▸7	▸7	▸7	▸7

2.

1	2	3	4	5	6	7	8	9	10
2	4	6	8	10	12	14	16	18	20
6	8	10	12	14	16	18	20	22	24
3	4	5	6	7	8	9	10	11	12
10	11	12	13	14	15	16	17	18	19
80	88	96	104	112	120	128	136	144	152
68	76	84	92	100	108	116	124	132	140
17	19	21	23	25	27	29	31	33	35
2	4	6	8	10	12	14	16	18	20
▸1	▸2	▸3	▸4	▸5	▸6	▸7	▸8	▸9	▸10

E

_B_ _A_ _N_ _C_ _O_
           1   2

_F_ _Á_ _B_ _R_ _I_ _C_ _A_
3 4   5   6

_D_ _I_ _S_ _C_ _O_ _T_ _E_ _C_ _A_
7 8 9   10

_P_ _A_ _R_ _T_ _I_ _D_ _O_ _D_ _E_
   11   12 13 14   15

_F_ _Ú_ _T_ _B_ _O_ _L_
          16 17

Solución:

D	E	T	R	Á	S		D	E
7	15	12	5	4	9		14	10

L	A		O	F	I	C	I	N	A
17	11		16	3	8	2	13	1	6

F

A Z Ú C A R

L I M Ó N

H E L A D O

T O S T A D A

Rosario quiere comer _zanahorias_ frescas.

M U S E O

P A R Q U E

E S T A D I O

C I R C O

F I E S T A

Solución: Mañana voy al _aeropuerto_.

G Cerca de la _casa_ de la _familia_ Sánchez hay un _supermercado_ moderno. Todos los sábados Juanita va con su _mamá_ a _comprar_ la _comida_ que come la _familia_. Las dos van al _supermercado_ para comprar todo en un solo lugar. Primero van a comprar _carne_; necesitan _bistec_, _salchichas_, _jamón_ y _pollo_. Después compran _frutas_ y _legumbres_ para preparar una _ensalada_. En la sección donde venden _leche_ compran _crema_, _queso_, _helado_, _mantequilla_ y _huevos_. También compran mucho _pan_. Y si todavía tienen _dinero_, van a la sección de _dulces_ para comprar _chocolate_.

Unit Test 5 (Lessons 17-20)

A. The following reading passage contains five blank spaces, numbered 1 through 5. For each blank space, four possible completions are provided. Only one of them makes sense in the context of the passage. Choose the completion that makes the best sense and write its letter in the space provided:

Muchos norteamericanos hacen sus compras en supermercados. Los supermercados existen también en España y en la América Latina. El supermercado no es sólo un mercado grande. Es como un grupo de (1). Cada sección tiene cosas diferentes. Las secciones están una al lado de la otra, no están separadas por (2) Por ejemplo, la sección de frutas y (3) es como una frutería. La sección de productos lácteos tiene crema, leche, quesos y (4). Sin embargo, en muchas ciudades españolas y latinoamericanas pequeñas no hay supermercados. La gente (5) sus cosas en tiendas pequeñas, como panaderías, lecherías o carnicerías.

____ (1) a. productos
b. familias
c. restaurantes
d. tiendas

____ (2) a. ventanas
b. edificios
c. paredes
d. puertas

____ (3) a. huevos
b. pollo
c. leche
d. legumbres

____ (4) a. carne
b. pan
c. mantequilla
d. tarjetas

____ (5) a. compra
b. vende
c. mira
d. come

B. Diálogo

A tourist is asking a Spanish policeman for directions. Take the role of the tourist:

Policía: − Buenos días, señor. A sus órdenes.

Turista: − _____
(Tell the officer that you are looking for a particular theater.)

Policía: − Está al lado del parque «Reina Sofía».

Turista: − _____
(Ask him if it is near.)

Policía: — No, está muy lejos.

Turista: — _____

              (Ask if is possible to walk there.)

Policía: — No. Es mejor ir en autobús.

Turista: — _____

              (Find out where the bus stop is.)

Policía: — Está frente a la tienda de comestibles.

Turista: — _____

              (Thank him and say good-bye.)

C. Situations. Write an appropriate response in Spanish for the following situations:

1. Tú estás en la calle buscando el cine Avenida. Ves a un policía y le dices:

   — _____

2. Matilde está en una tienda de cuadros y ve un cuadro que le gusta mucho. El vendedor le dice que cuesta ciento veinte dólares. Matilde responde:

   — _____

3. Estás en la casa con dos amigos. Ustedes quieren ir al cine, pero no tienen automóvil. Tú dices:

   — _____

4. Francisco y su esposa están en la agencia de viajes. El empleado les pregunta adónde quieren ir de vacaciones. Ellos responden:

   — _____

5. La mamá de Joaquín necesita muchas cosas — pan, leche, legumbres y carne. Ella le dice a Joaquín:

   — _____

D. Reading comprehension. Multiple choice (English)

Select the best completion to each statement based on what you read and write its letter in the space provided:

LICENCIADOS PÉREZ Y PÉREZ
ABOGADOS
ESPECIALISTAS EN CASOS DE
NEGLIGENCIA MÉDICA Y ACCIDENTES
DE AUTOMÓVIL
Avenida Reina Sofía, 25
Madrid. Teléfono: 448 76 56

1. A person would seek advice from these lawyers if he or she ___

   a. got hurt in a car crash.
   b. committed a crime.
   c. wanted to buy real estate.
   d. needed advice concerning divorce.

ALTO AL LADRÓN

**ALARMAS
CONTRA
ROBO**

LE INSPECCIONAMOS
SU CASA GRATIS
LLÁMENOS AL (212)555-1400

2. Potential customers are able to ___

   a. arrest thieves themselves.
   b. install alarm systems.
   c. receive a free home inspection.
   d. get a free copy of "Mistery Magazine."

ACADEMIA LATINOAMERICANA DE ARTE
CLASES DE CANTO, DANZA, BALLET,
PINTURA Y ARTE DRAMÁTICO
Clases de 7:30 am a 10:30 pm de lunes a viernes,
y de 8:00 am a 3:00 pm los sábados

355 Ponce de León Boulevard, Coral Gables
Teléfono: (305)555-4497

3. Students at this school study to be ___

   a. professional teachers.
   b. artists or entertainers.
   c. doctors.
   d. T.V. technicians.

VENTA MARROQUÍ

ESPECIALIZADOS EN COMIDAS NORDAFRICANAS
ALMUERZOS Y CENAS DE LUNES A DOMINGO
SE RESERVAN SALONES PARA BANQUETES

Avenida del Generalísimo, 818, Sevilla
Teléfono: 88 77 66

4. The Venta Marroquí restaurant is open ___

    a. every day except Sunday.
    b. Tuesday through Saturday.
    c. 7 days a week.
    d. only on weekends.

¡SI BEBE, NO MANEJE!
¡SI MANEJA, NO BEBA!

5. The advice of this public service ad is ___

    a. Don't drink and drive.
    b. Don't forget to kiss your wife before leaving.
    c. A happy person is a healthy person.
    d. Don't forget your keys.

E. Composition. Write a story (8-10 sentences) about the situation shown in the picture below:

_____

_____

_____

_____

_____

_____

_____

_____

_____

F. Culture Quiz. Complete the following sentences dealing with Hispanic culture:

1. In the metric system, a **kilo** is approximately _____

   pounds.

2. When buying clothes in a Spanish clothing store, you would have to tell the salesperson

   your size in _____.

3. A temperature of 37° in **centigrados** would be equivalent to _____

   in Fahrenheit.

4. A spiral of fried dough sprinkled with sugar is called _____.

5. A store which sells cakes is called _____.

   One which sells candy is called _____.

6. Two ways of saying grocery store in Spanish are _____

   and _____ .

7. In Spain, a store that sells only wine from barrels is called a _____ .

8. A sign indicating a bus stop would say _____ .

9. If you saw a sign that read _____ ,

   you would be required to stop.

10. A bathroom would be labeled either _____ or

   _____ .

Key to Unit Test 5

A 1. *d*   2. *c*   3. *d*   4. *c*   5. *a*

B (Sample responses)

Policía: — Buenos días, señor. A sus órdenes.
Turista: — *Por favor, señor policía, ¿sabe*
      dónde está el teatro «Principal»?
Policía: — Está al lado del parque
      «Reina Sofía».
Turista: — *¿Está cerca de aquí?*
Policía: — No, está muy lejos.
Turista: — *¿Es posible ir allá a pie?*
Policía: — No. Es mejor ir en autobús.
Turista: — *¿Dónde está la parada de*
      autobús?
Policía: — Está frente a la tienda
      de comestibles.
Turista: — *Muchas gracias. Adiós.*

C (Sample responses)

1. *Señor policía, ¿sabe dónde está el*
   cine Avenida?

2. *Es mucho.*
3. *¡Vamos en taxi!*
4. *Queremos pasar una semana en una*
   isla tropical.
5. *Joaquín, tienes que ir al supermercado.*

D 1. *a*   2. *c*   3. *b*   4. *c*   5. *a*

E (Sample sentences)

Es sábado por la mañana.
La mamá de Marta necesita muchas cosas.
Marta y su amiga Juanita van al mercado
a hacer unas compras.
Marta tiene una lista de todas las cosas que
necesitan.
Marta lee la lista: frutas, legumbres, carne,
pan, leche, arroz y azúcar.
Las dos muchachas pueden comprar todo en
el supermercado.
Un supermercado es como un grupo de tiendas
pequeñas.
Las dos muchachas van a cada sección y
buscan todas las cosas que necesitan.

Ahora tienen que pagar.
Y luego regresan a la casa.

4. *un churro*
5. *repostería, dulcería*
6. *bodega, tienda de comestibles*
7. *bodega*

F 1. *2.2*
2. *centímetros*
3. *98.6*

8. *PARADA DE AUTOBÚS*
9. *ALTO*
10. *DAMAS, CABALLEROS*

Sexta Parte

Lección 21

Notes: Articles of clothing hung on a clothesline or rope across the front of the classroom (or pictures of such articles) will be useful in introducing and practicing the vocabulary in this lesson. Both the teacher and students may use crayons or colored paper to review and practice the names of colors. The two lexical groups (clothes and colors) combine naturally for such practice.

Students may be asked to describe what they are wearing or what is shown in magazine advertisements. This practice also involves the reinforcement of possessive adjectives. The teacher may ask a student: **¿Su camisa es azul?** The student answers: **No, mi camisa no es azul. Es verde.** Or the teacher asks: **¿Tu blusa es roja?** The student answers: **No, no es roja. Es blanca.** Agreement of adjectives is a natural part of such practice.

Optional Oral Exercises

A. Repeat each noun with the correct definite article:

1. camisa
2. zapatos
3. chaqueta
4. pantalones
5. corbata
6. falda
7. traje
8. abrigo
9. suéter
10. cinturón

KEY

1. *la camisa*
2. *los zapatos*
3. *la chaqueta*
4. *los pantalones*
5. *la corbata*
6. *la falda*

7. *el traje*
8. *el abrigo*
9. *el suéter*
10. *el cinturón*

B. Combine the following elements to make a phrase, using the correct Spanish for *my.* (The teacher may hold up a piece of colored paper and a small article of clothing or an illustration):

Example: blusa/blanca
mi blusa blanca

1. zapatos/pardos
2. falda/roja
3. vestido/negro
4. traje/verde
5. camisa/azul
6. chaqueta/negra

7. abrigo/pardo   9. corbata/roja
8. sombrero/blanco   10. pantalones/negros

KEY

1. mis zapatos pardos
2. mi falda roja
3. mi vestido negro
4. mi traje verde
5. mi camisa azul
6. mi chaqueta negra
7. mi abrigo pardo
8. mi sombrero blanco
9. mi corbata roja
10. mis pantalones negros

Key to *Actividades*

A
1. *el sombrero*
2. *la blusa*
3. *la falda*
4. *el traje*
5. *los zapatos*
6. *el cinturón*
7. *los guantes*
8. *el traje de baño*
9. *el vestido*
10. *el suéter*
11. *el abrigo*
12. *las medias*

B
1. *la camisa*
2. *la corbata*
3. *los guantes*
4. *la camiseta*
5. *el cinturón*
6. *el suéter*
7. *la chaqueta*
8. *el traje*
9. *los pantalones*
10. *los zapatos*
11. *el abrigo*
12. *los calcetines*

C
1. *calcetines*
2. *una camisa*
3. *una blusa*
4. *pantalones*
5. *una chaqueta*
6. *una corbata*
7. *un abrigo*
8. *una camiseta*
9. *un vestido*
10. *un sombrero*
11. *un traje*
12. *una falda*
13. *un cinturón*
14. *guantes*
15. *zapatos*
16. *un suéter*
17. *medias*

D
1. *Recibe una invitación.*
2. *Quiere comprar ropa nueva.*
3. *Todos los muchachos van a estar allí.*
4. *Rosita compra su ropa en una tienda de ropa.*
5. *La fiesta es el sábado.*
6. *Quiere ropa moderna, de última moda.*
7. *La blusa es roja.*
8. *Habla con Teresita.*
9. *Van a llevar ropa vieja.*
10. *No, no está contenta.*

E
1. *Quiero los zapatos blancos.*
2. *Quiero el sombrero azul.*
3. *Quiero el traje de baño negro.*
4. *Quiero la camisa roja y blanca.*
5. *Quiero el suéter verde.*
6. *Quiero el cinturón pardo.*
7. *Quiero los guantes amarillos.*

F
2. *en la silla*
3. *encima del televisor*
4. *en la silla*
5. *en el suelo*
6. *encima de la lámpara*
7. *en la puerta*
8. *en la cama*
9. *en la ventana*
10. *en la cama*

Diálogo

Hija, ¿qué necesitas para la fiesta?
Quiero una falda roja y una blusa blanca.
Vamos a la tienda, entonces.
Sí, necesito la ropa antes del sábado.
¿Quieres zapatos también?
Sí, mis zapatos son viejos.
¿Necesitas algo más?
No, gracias, mamá.

Preguntas personales (Sample responses)

1. *Tengo diez camisetas.*
2. *Tengo tres pares de zapatos.*
3. *Yo compro mi ropa.*
4. *Mi color de camisa favorito es el azul.*
5. *Llevo un par de pantalones, una camisa, calcetines y zapatos.*

Información personal (Sample responses)

1. *una camisa anaranjada*
2. *un cinturón negro*
3. *un par de pantalones azules*
4. *una camiseta amarilla*
5. *cuatro pares de calcetines blancos*
6. *una chaqueta parda*
7. *un suéter verde*
8. *una corbata roja*

Key to *The Cognate Connection*

2. *(price)*   *(valuable, worth much)*
3. *(green)*   *(green)*
4. *(lesser, younger)* *(lesser or smaller part)*
5. *(airplane)*   *(operation of aircraft)*
6. *(to run)*   *(a flow of electric charge)*
7. *(voice)*   *(produced by the voice)*
8. *(ten)*   *(the tenth part)*
9. *(good)*   *(gift of something extra)*
10. *(to know)*   *(to know by appearance)*

ENGLISH COGNATES USED IN CONTEXT
(Sample responses)

2. *Gold and silver are precious metals.*
3. *Flowers grew in verdant fields.*
4. *Only a minority of the members voted to strike.*
5. *Aviation is an important means of transportation today.*

6. *The radio operated on a low current of electricity.*
7. *The concert included a vocal performance.*
8. *The U.S. dollar is a decimal currency.*
9. *The workers received a bonus in their paycheck.*
10. *The dog recognized his master immediately.*

Key to *Cuaderno* Exercises

A
1. *a, e, f, k*
2. *i*
3. *i*
4. *j*
5. *j*
6. *h, n, o*
7. *g, h, o*
8. *m*
9. *b, d, k, l, p*
10. *b, d, k, l, p*
11. *c*

B
1. *camisa roja*
2. *camiseta*
3. *zapatos nuevos*
4. *guantes*
5. *traje negro*
6. *corbata bonita*
7. *traje de baño*
8. *vestido*
9. *calcetines*
10. *chaqueta*

C (Sample responses)

Dependiente.—Buenas tardes. ¿En qué puedo servirle.
Usted.—*Busco una camisa bonita.*
Dependiente.—Tenemos una buena selección en todos los colores. ¿Cuál quiere Ud.?
Usted.—*Me gusta la camisa roja.*

Dependiente.—¿Quiere Ud. algo más?

Usted.—*Necesito una corbata para hacer juego a la camisa.*

Dependiente.—Me parece que esta corbata va muy bien con la camisa. ¿Qué más desea Ud.?

Usted.—*Eso es todo por ahora. Gracias.*

E Robertico

camisa
pantalones
cinturón
calcetines
zapatos

D

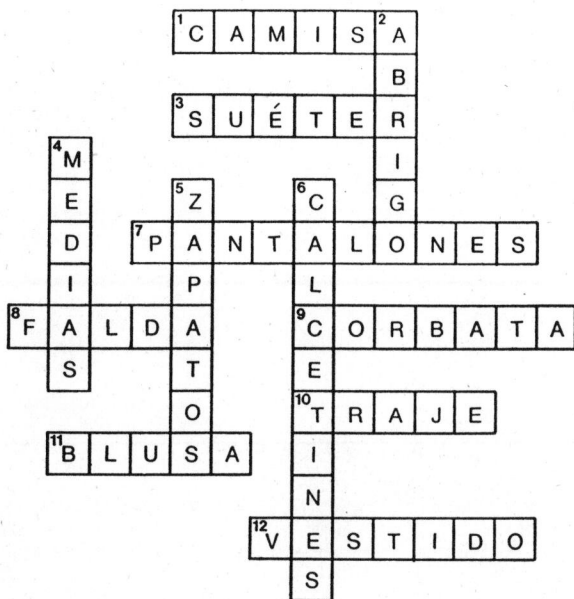

José	Nancy
camisa	chaqueta
corbata	blusa
cinturón	cinturón
pantalón	falda
calcetines	calcetines
zapatos	zapatos

Pepito	Luisita
camiseta	sombrero
pantalones cortos	vestido
calcetines	cinturón
zapatos	calcetines
	zapatos

Quiz 21

Express in Spanish that you and your mother are going to buy the following items:

Example:  **Vamos a comprar un traje de baño.**

1. 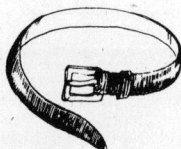 _____

 2. _____

 3. _____

 4. _____

 5. _____

 6. _____

 7. _____

 8. _____

9. _____

10. _____

11. _____

12. _____

13. _____

14. _____

Key to Quiz 21

1. *Vamos a comprar un cinturón.*
2. *Vamos a comprar un suéter.*
3. *Vamos a comprar una falda.*
4. *Vamos a comprar zapatos.*
5. *Vamos a comprar medias.*
6. *Vamos a comprar un sombrero.*

7. *Vamos a comprar guantes.*
8. *Vamos a comprar un traje.*
9. *Vamos a comprar una corbata.*
10. *Vamos a comprar pantalones.*

11. *Vamos a comprar un abrigo.*
12. *Vamos a comprar una camiseta.*
13. *Vamos a comprar una chaqueta.*
14. *Vamos a comprar una blusa.*

Lección 22

Notes: Teachers may prefer to present the vocabulary in this lesson in two parts, depending on the level of readiness of the class. Use pictures to help with class practice.

Optional Oral Exercises

A. Repeat each noun with the definite article:

1. vaca	6. elefante
2. toro	7. ratón
3. pato	8. pez
4. caballo	9. perrito
5. león	10. lobo

KEY

1. la vaca	6. el elefante
2. el toro	7. el ratón
3. el pato	8. el pez
4. el caballo	9. el perrito
5. el león	10. el lobo

B. Express the correct form of the verb **decir** with the subject you hear:

1. tú	3. Ana
2. ellos	4. nosotros
5. él	8. Pablo
6. usted	9. yo
7. ustedes	10. Pablo y Pedro

KEY

1. tú *dices*	7. ustedes *dicen*
2. ellos *dicen*	8. Pablo *dice*
3. Ana *dice*	9. yo *digo*
4. nosotros *decimos*	10. Pablo y Pedro
5. él *dice*	*dicen*
6. usted *dice*	

C. Make these sentences negative:

1. Yo digo la verdad.
2. La radio dice que va a llover.
3. Usted dice muchas cosas.
4. Sus padres dicen que quieren ir.
5. Nosotros decimos que vamos mañana.
6. Elena dice que ella sabe.
7. Tú dices que el español es fácil.
8. Ustedes dicen que hoy es domingo.
9. Ellos dicen que están enfermos.
10. Pablo dice que tiene mucho dinero.

EL PAJARITO CANTA

Words and Music by
Rupert A. Johnson

El pa - ja - ri - to can - ta cuan - do a - ma - ne - ce. El

pa - ja - ri - to can - ta en el jar - dín. Des - pier - ta, des - pier - ta, mi

ni - ño, des - pier - ta, por - que la cam - pa - na te lla - ma a la es - cue - la.

VOCABULARIO

el pajarito *the little bird*   **despierta** *wake up*
amanece *it dawns*   **la campana** *the bell*

KEY
1. *Yo no digo la verdad.*
2. *La radio no dice que va a llover.*
3. *Usted no dice muchas cosas.*
4. *Sus padres no dicen que quieren ir.*
5. *Nosotros no decimos que vamos mañana.*
6. *Elena no dice que ella sabe.*
7. *Tú no dices que el español es fácil.*
8. *Ustedes no dicen que hoy es domingo.*
9. *Ellos no dicen que están enfermos.*
10. *Pablo no dice que tiene mucho dinero.*

D. Change these sentences to questions:

1. Yo digo la verdad.
2. La radio dice que va a llover.
3. Usted dice muchas cosas.
4. Sus padres dicen que quieren ir.
5. Nosotros decimos que vamos mañana.
6. Elena dice que ella sabe.
7. Tú dices que el español es fácil.
8. Ustedes dicen que hoy es domingo.
9. Ellos dicen que están enfermos.
10. Pablo dice que tiene mucho dinero.

KEY
1. ¿*Digo yo la verdad?*
2. ¿*Dice la radio que va a llover?*
3. ¿*Dice usted muchas cosas?*
4. ¿*Dicen sus padres que quieren ir?*
5. ¿*Decimos nosotros que vamos mañana?*
6. ¿*Dice Elena que ella sabe?*
7. ¿*Dices tú que el español es fácil?*
8. ¿*Dicen ustedes que hoy es domingo?*
9. ¿*Dicen ellos que están enfermos?*
10. ¿*Dice Pablo que tiene mucho dinero?*

E. Directed dialog (See Lesson 4, Optional Oral Exercise F, for full procedure.)

Pregúntale a un alumno (a una alumna) si

1. dice siempre la verdad.
2. dice que tiene un millón de dólares.
3. dice que el español es difícil.
4. quiere ir al parque zoológico.
5. hay perros en la ciudad.

KEY
1. STUDENT #1
¿Dices siempre la verdad?
STUDENT #2
Sí, digo siempre la verdad.
2. STUDENT #1
¿Dices que tienes un millón de dólares?
STUDENT #2
Sí, digo que tengo un millón de dólares.
3. STUDENT #1
¿Dices que el español es muy difícil?
STUDENT #2
Sí, digo que el español es muy difícil.
4. STUDENT #1
¿Quieres ir al parque zoológico?
STUDENT #2
Sí, quiero ir al parque zoológico.
5. STUDENT #1
¿Hay perros en la ciudad?
STUDENT #2
Sí, hay perros en la ciudad.

Key to *Actividades*

A 1. *el león*   4. *el mono*
2. *el elefante*   5. *el lobo*
3. *el tigre*   6. *el zorro*

B

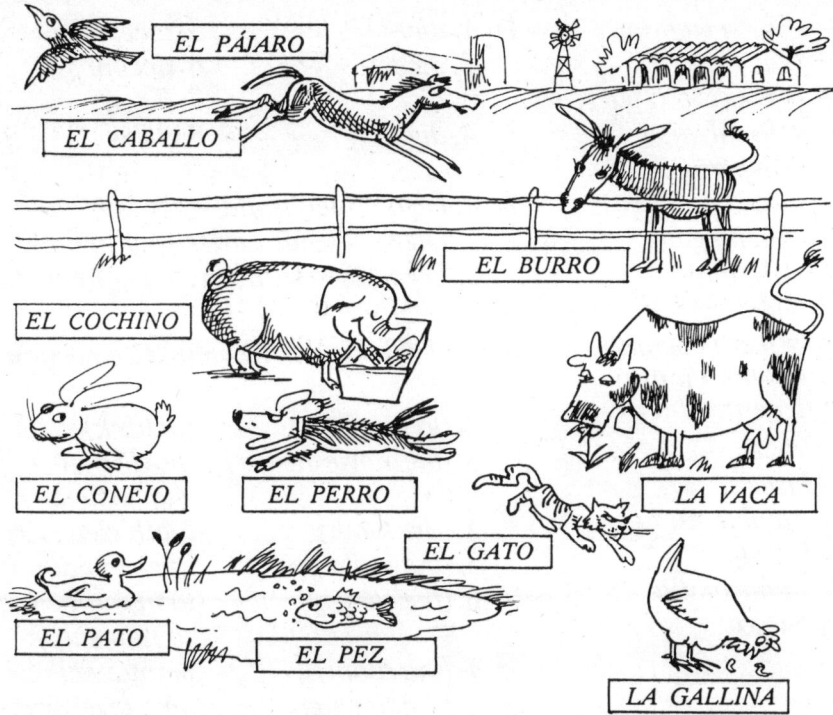

EL PÁJARO

EL CABALLO

EL BURRO

EL COCHINO

EL CONEJO

EL PERRO

LA VACA

EL GATO

EL PATO

EL PEZ

LA GALLINA

C

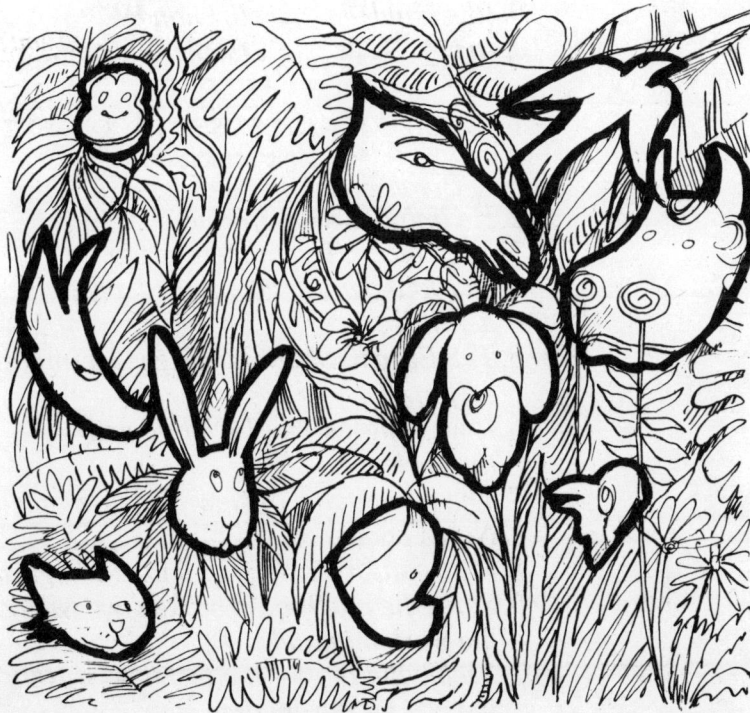

el mono
la gallina
el conejo
el toro
el caballo
el gato
el perro
el pájaro
el cochino
el lobo

D 1. *clases*
2. *El perro y el gato*
3. *ratones*
4. *(mejor) amigo*
5. *leche*
6. *la gallina*
7. *pollo*
8. *cerdo* o *puerco*
9. *salvaje*
10. *perro*

E 1. *un caballo*
2. *un perrito*
3. *una vaca*
4. *un lobo*
5. *un elefante*
6. *un gato*
7. *un pez*
8. *una gallina*
9. *un cochino*
10. *un mono*

F la gallina:
los huevos
el pollo

el cochino:
el jamón
la costilla
de puerco
el tocino

la vaca:
el bistec
la hamburguesa
el helado
la mantequilla
el queso

G Animales
domésticos:
el perro
el perrito
el gato
el gatito
el pez

Animales
del campo:
la vaca
el toro
el caballo
el cochino
el burro
el pato
la gallina
el conejo
el pájaro
el pez

Animales
salvajes:
el león
el tigre
el elefante
el lobo
el zorro
el mono

H 1. *dice*
2. *dice*
3. *dicen*
4. *digo*
5. *dice, dice*
6. *decimos*
7. *dicen*
8. *dices*

I 1. *Digo «Buenos días» por la mañana.*
2. *Digo «Buenas tardes» por la tarde.*
3. *Digo «Buenas noches» por la noche.*

Key to *The Cognate Connection*

2. *(to drink)*	*(to drink)*
3. *(the movie theater)*	*(movie industry; movie theater)*
4. *(the tooth)*	*(tooth cleanser)*
5. *(the building)*	*(large building)*
6. *(the factory)*	*(to manufacture; to make up)*
7. *(the room)*	*(permanent resident)*
8. *(the tongue; language)*	*(language specialist)*
9. *(the hand)*	*(by hand)*
10. *(new)*	*(something new, fresh)*

ENGLISH COGNATES USED IN CONTEXT
(Sample responses)

2. *He imbibes a lot of wine.*
3. *The cinema is a modern art form.*
4. *Did your dentist recommend any particular dentifrice?*
5. *The Empire State Building is an imposing edifice.*
6. *It was alleged that he fabricated the evidence.*
7. *The inhabitants of New York are called New Yorkers.*
8. *My Spanish teacher is an expert linguist.*
9. *Since the machine is broken, we will do the work manually.*
10. *Seeing the zoo for the first time was a novelty for the children.*

Diálogo

¿Por qué quieres vivir en la ciudad?
Hay mucho que hacer.
¿Tienes muchos amigos?
Claro. Todos van a mi escuela.
¿Qué hacen Uds. en el verano?
Vamos a la playa todos los días.
¿Tienes un animal en casa?
No. Vivimos en un apartamento pequeño.

Preguntas personales (Sample responses)

1. *Me gustan mucho los elefantes.*
2. *Los perritos y los gatitos son muy simpáticos.*
3. *Le digo que estoy enfermo.*
4. *Dicen que tengo que hacer la tarea.*
5. *Sí. Me gustan los gatos porque son muy independientes.*

Información personal (Sample responses)

1. *el mono, el león, el tigre, el elefante, el lobo*
2. *el gato, el perro*
3. *la gallina, el cochino, la vaca, el toro, el caballo*

Key to *Cuaderno* Exercises

A   1. Yo *siempre digo la verdad.*
2. Ellos *siempre dicen la verdad.*
3. Ud. *siempre dice la verdad.*
4. Los niños *siempre dicen la verdad.*
5. Uds. *siempre dicen la verdad.*
6. Nuestro profesor *siempre dice la verdad.*
7. Paco y yo *siempre decimos la verdad.*
8. Mis padres *siempre dicen la verdad.*
9. Tú *siempre dices la verdad.*
10. Sus hijos *siempre dicen la verdad.*

B	1. *e*	3. *i*	5. *c*	7. *a*	9. *f*
	2. *h*	4. *g*	6. *j*	8. *b*	10. *d*

C   (Sample responses)

Papá.—¿Te gusta el parque zoológico?
Hijo.—*Sí. Me gusta mucho porque hay muchas clases de animales.*
Papá.—¿Qué animales te gustan más?
Hijo.—*Me gustan los elefantes.*
Papá. —¿Qué otras actividades hacen ustedes?
Hijo.—*Jugamos al béisbol.*
Papá.—¿Quieres ir al parque zoológico el domingo?
Hijo.—*No, gracias. Hace mucho calor y quiero ir a la playa.*

D   1. *Mi profesor dice que no soy estúpido.*
2. *El periódico dice que hace buen tiempo hoy.*
3. *¿Qué dices ahora?*
4. *Los turistas dicen que Puerto Rico es muy bonito.*
5. *Mi hermano siempre dice que tiene hambre.*
6. *Yo digo que tenemos tarea para mañana.*
7. *Guillermo nunca dice la verdad.*
8. *Los alumnos dicen que el exámen no es difícil.*
9. *¿Dice Ud. que ella sale ahora?*
10. *¿Cuándo dicen ellos (ellas) adiós a sus padres?*

E   ⓁE ó N

P Ⓐ T O

T I Ⓖ R E

V Ⓐ C A

C A B A ⒧⒧ O

P E R R Ⓘ T O

R A T ó Ⓝ

G Ⓐ T O

Solución: L A   G A LL I N A

Quiz 22

A.   Complete the following sentences with the proper form of the verb **decir**:

1. ¿_____ tú que quieres ir a la playa?

2. Mis hermanas _____ que la casa es bonita.

3. Yo no _____ que estoy enfermo.

4. ¿_____ él que hace calor en el trópico?

5. Ella siempre _____ que tiene hambre.

6. ¿_____ Ud. que tengo razón?

7. Nosotros _____ que no hace frío en Acapulco.

8. Ellos _____ que tenemos tarea de inglés.

9. Uds. _____ que Puerto Rico no está lejos de los Estados Unidos.

10. Ud. y yo _____ que el examen no es difícil.

B. Complete the sentence naming the following animals:

Yo veo un elefante.

1. _____

2. _____

3. _____

4. _____

5. _____

6. _____

7. _____   8. _____

9. _____   10. _____

11. _____   12. _____

13. _____   14. _____

15. _____   16. _____

17. _____   18. _____

19. _____   20. _____

Key to Quiz 22

A   1. *Dices*   6. *Dice*   8. Yo veo *una gallina.*
         2. *dicen*   7. *decimos*   9. Yo veo *un toro.*
         3. *digo*   8. *dicen*   10. Yo veo *un cochino.*
         4. *Dice*   9. *dicen*   11. Yo veo *un caballo.*
         5. *dice*   10. *decimos*   12. Yo veo *un conejo.*
                                                     13. Yo veo *un pez.*
                                                     14. Yo veo *un ratón.*
B   1. Yo veo *un perro.*   15. Yo veo *un pajaro.*
         2. Yo veo *un perrito.*   16. Yo veo *un lobo.*
         3. Yo veo *un gato.*   17. Yo veo *un zorro.*
         4. Yo veo *un gatito.*   18. Yo veo *un león.*
         5. Yo veo *un burro.*   19. Yo veo *un mono.*
         6. Yo veo *una vaca.*   20. Yo veo *un tigre*
         7. Yo veo *un pato.*

Lección 23

Notes: Use a large wall map in conjunction with this lesson on countries, nationalities, and languages. Refer to (or ask students to identify) cities, famous people, monuments, typical foods and dishes. Students may assume foreign names and have classmates identify the country they come from and the language spoken there.

	Optional Oral Exercises	*KEY*

A. Give the names of the languages spoken in the following countries:

1. Inglaterra	6. el Japón
2. Rusia	7. Alemania
3. Italia	8. Francia
4. los Estados Unidos	9. China
5. el Canadá	10. España

KEY

1. *el inglés*	6. *el japonés*
2. *el ruso*	7. *el alemán*
3. *el italiano*	8. *el francés*
4. *el inglés y el español*	9. *el chino*
5. *el inglés y el francés*	10. *el español*

B. Complete the second sentence with the adjective of nationality you hear in the first:

1. El hombre es norteamericano. La mujer es...
2. El hombre es inglés. La mujer es...
3. El hombre es español. La mujer es...
4. El hombre es puertorriqueño. La mujer es...
5. El hombre es francés. La mujer es...
6. El hombre es alemán. La mujer es ...
7. El hombre es mexicano. La mujer es...
8. El hombre es ruso. La mujer es...
9. El hombre es chino. La mujer es...
10. El hombre es italiano. La mujer es...

KEY

1. *norteamericana*	6. *alemana*
2. *inglesa*	7. *mexicana*
3. *española*	8. *rusa*
4. *puertorriqueña*	9. *china*
5. *francesa*	10. *italiana*

Key to *Actividades*

A

1. g	3. e	5. b	7. c
2. d	4. f	6. a	

B

1. *haitiana*	6. *brasileña*
2. *franceses*	7. *portugueses*
3. *cubano*	8. *puertorriqueña*
4. *rusos*	9. *italiana*
5. *japonesas*	10. *alemanes*

C

1. c	6. d	11. g	16. e
2. c	7. c	12. a	17. c
3. d, e	8. g	13. h	18. c
4. e	9. c	14. b	
5. d	10. c	15. c	

D

1. *Francia* *franceses* *francés*	3. *Brasil* *brasileños* *portugués*
2. *Alemania* *alemanes* *alemán*	4. *Italia* *italianos* *italiano*

5. *España*
   españoles
   español

9. *Rusia*
   rusos
   ruso

6. *Japón*
   japoneses
   japonés

10. *Inglaterra*
    ingleses
    inglés

7. *China*
   chinos
   chino

11. *los Estados Unidos*
    norteamericanos
    inglés

8. *México*
   mexicanos
   español

12. *Puerto Rico*
    puertorriqueños
    español

E 1. *En el mundo se hablan más de tres mil idiomas.*
2. *Cada país tiene generalmente un idioma oficial.*
3. *Los idiomas oficiales de Suiza son el alemán, el italiano y el francés.*
4. *Los idiomas oficiales del Canadá son el inglés y el francés.*
5. *Los idiomas más importantes en los Estados Unidos son el inglés y el español.*
6. *Hablan español en España, en Sudamérica y Centroamérica y en Cuba, República Dominicana y Puerto Rico.*
7. *Los idiomas oficiales de las Naciones Unidas son el árabe, el chino, el español, el francés, el inglés y el ruso.*
8. *El español es importante porque es un idioma internacional.*

Preguntas personales (Sample responses)

1. *Hablamos inglés y español.*
2. *Enseñan español, francés e italiano.*
3. *Sí. Hay alumnos de Colombia, México y Perú.*

4. *Sí. Creo que el español es un idioma importante porque se habla en muchas partes del mundo.*
5. *Sí. Conozco la Argentina y España.*

Información personal (Sample responses)

1. *Francia*   *el francés*
2. *Alemania*   *el alemán*
3. *España*   *el español*
4. *Portugal*   *el portugués*
5. *Italia*   *el italiano*

Diálogo

¿Cómo se llama la organización de países del mundo?
Se llama las Naciones Unidas.
¿Cuántos idiomas oficiales tiene?
Tiene seis.
¿Habla Ud. uno de los idiomas?
Claro. Hablo inglés y español.
¿Dónde está el edificio central de la organización?
Está en la ciudad de Nueva York.

Key to *Cuaderno* Exercises

A 1. *Yo no soy alemán, soy inglés.*
2. *Ud. no es norteamericano, es canadiense.*
3. *Tú no eres cubano, eres uruguayo.*
4. *Wong no es japonés, es chino.*
5. *Iván no es alemán, es ruso.*
6. *María no es portuguesa, es española.*
7. *Nosotros no somos suizos, somos franceses.*
8. *Las muchachas no son africanas, son chinas.*
9. *El profesor no es argentino, es paraguayo.*
10. *Paulo no es brasileño, es portugués.*

B 1. B R A S I *L*
2. F R A N C I *A*
3. E *C* U A D O R
4. E S T A D *O* S   U N I D O S
5. E S *P* A Ñ A
6. H A I *T* Í
7. *A* L E M A N I A
8. C A N A *D* Á
9. P E R Ú
10. I N G*L* A T E R R A
11. R U S *I* A
12. M É X I C *O*
13. I T A L *I* A.

Mario va a *la Costa del Sol.*

C 1. *italiano*   4. *español*
2. *francesa*   5. *alemán*
3. *inglesas*   6. *mexicano*

D 1. *España*   3. *República*
2. *Italia*   *Dominicana*

4. *Venezuela*   7. *México*
5. *Francia*   8. *Argentina*
6. *Inglaterra*   9. *Colombia*

E Agente.—Buenas tardes. ¿Qué desea?
Usted.—*Tengo dos semanas de vacaciones y quiero hacer un viaje.*
Agente.—¿Quiere Ud. hacer un viaje a Europa? ¿Por ejemplo, a España, Francia o Italia?
Usted.—*No tengo mucho dinero. Quiero ir a una isla tropical, donde hace calor.*
Agente.—Hay muchas islas en el Caribe. Por ejemplo, Puerto Rico, la República Dominicana...
Usted.—*Me gusta la idea. ¿Es posible salir mañana?*
Agente.—Sí, claro. Voy a llamar a un hotel de San Juan para reservar un cuarto. ¿Está bien?
Usted.—*¡Perfecto! Quiero nadar en el mar y tomar baños de sol.*

Quiz 23

A.   Your grandparents are going on a trip around the world. Say in Spanish that they are going to visit the following countries:

Example: (Mexico) **Van a visitar México.**

1. (the United States) _____

2. (England) _____

3. (France) _____

4. (Spain) _____

5. (Italy) _____

6. (Germany) _____

7. (Japan) _____

8. (Portugal) _____

9. (Canada) _____

10. (the Dominican Republic) _____

B.   Say that you speak each of the following languages:

Example: (Chinese) **Yo hablo chino.**

1. (Spanish) _____

2. (French) _____

3. (English) _____

4. (German) _____

5. (Portuguese) _____

6. (Russian) _____

7. (Chinese) _____

8. (Italian) _____

9. (Japanese) _____

Key to Quiz 23

A   1. *Van a visitar los Estados Unidos.*
2. *Van a visitar Inglaterra.*
3. *Van a visitar Francia.*
4. *Van a visitar España.*
5. *Van a visitar Italia.*

6. *Van a visitar Alemania.*
7. *Van a visitar el Japón.*
8. *Van a visitar Portugal.*
9. *Van a visitar el Canadá.*
10. *Van a visitar la República Dominicana.*

B 1. *Yo hablo español.*   6. *Yo hablo ruso.*
    2. *Yo hablo francés.*   7. *Yo hablo chino.*
    3. *Yo hablo inglés.*   8. *Yo hablo italiano.*
    4. *Yo hablo alemán.*   9. *Yo hablo japonés.*
    5. *Yo hablo portugués.*

Lección 24

Notes: This lesson about subjects and grades naturally lends itself to programs, report cards, marks, and the like, that students normally deal with. Have students make copies of their program cards in Spanish. Let them construct their own "perfect" or ideal programs. They can also construct report cards in Spanish with the marks they think they will or "should" receive. The techniques for verb practice of the present tense used in Lessons 4, 7, and 10 may be applied as well with the preterite.

Encourage individualized cue-response sequences and use personalized questions to stimulate conversation.

Optional Oral Exercises

A. Repeat each sentence changing the verb from the present to the preterite:

1. Yo como en un restaurante.
2. Ustedes reciben mucho dinero.
3. Ella vende una bicicleta.
4. Pablo visita a su abuelo.
5. Ellos contestan correctamente.
6. Tú sales tarde.
7. Nosotros aprendemos inglés.
8. Ud. toma un curso de español.
9. Los niños corren por la calle.
10. Ella abre la ventana.

KEY

1. *Yo comí en un restaurante.*
2. *Ustedes recibieron mucho dinero.*
3. *Ella vendió una bicicleta.*
4. *Pablo visitó a su abuelo.*
5. *Ellos contestaron correctamente.*
6. *Tú saliste tarde.*
7. *Nosotros aprendimos inglés.*
8. *Ud. tomó un curso de español.*
9. *Los niños corrieron por la calle.*
10. *Ella abrió la ventana.*

B. Answer the following questions in the preterite:

1. ¿Recibió usted una buena nota en español?
2. ¿Aprendieron los alumnos la lección?
3. ¿Ganó su padre mucho dinero?
4. ¿Estudiaron ustedes para el examen?
5. ¿Viviste tú en México?
6. ¿Comió la muchacha todo el pan?
7. ¿Escuchó usted la radio ayer?
8. ¿Salieron los alumnos de la escuela?
9. ¿Comprendieron ustedes al profesor?
10. ¿Trabajaste tú en el verano?

KEY

1. *Sí (No), (no) recibí una buena nota en español.*
2. *Sí (No), los alumnos (no) aprendieron la lección.*
3. *Sí (No), mi padre (no) ganó mucho dinero.*
4. *Sí (No), (no) estudiamos para el examen.*
5. *Sí (No), (no) viví en México.*
6. *Sí (No), la muchacha (no) comió todo el pan.*
7. *Sí (No), (no) escuché la radio ayer.*
8. *Sí (No), los alumnos (no) salieron de la escuela.*
9. *Sí (No), (no) comprendimos al profesor.*
10. *Sí (No), (no) trabajé en el verano.*

C. Directed dialog (See Lesson 4, Optional Oral Exercise F, for full procedure.)

Pregúntale a un alumno (a una alumna) si

1. miró la televisión.
2. vendió el piano.
3. recibió un regalo.
4. compró un auto.
5. corrió por la calle.
6. abrió la puerta.
7. vio la película.
8. trabajó mucho.

KEY

1. STUDENT #1
   ¿Miraste la televisión?
   STUDENT #2
   Sí, miré la televisión.
2. STUDENT #1
   ¿Vendiste el piano?
   STUDENT #2
   Sí, vendí el piano.

3. STUDENT #1
   ¿Recibiste un regalo?
   STUDENT #2
   Sí, recibí un regalo.
4. STUDENT #1
   ¿Compraste un auto?
   STUDENT #2
   Sí, compré un auto.
5. STUDENT #1
   ¿Corriste por la calle?
   STUDENT #2
   Sí, corrí por la calle.
6. STUDENT #1
   ¿Abriste la puerta?
   STUDENT #2
   Sí, abrí la puerta.
7. STUDENT #1
   ¿Viste la película?
   STUDENT #2
   Sí, vi la película.
8. STUDENT #1
   ¿Trabajaste mucho?
   STUDENT #2
   Sí, trabajé mucho.

Key to *Actividades*

A
1. *Voy a tener ciencias sociales.*
2. *Voy a tener trabajos manuales.*
3. *Voy a tener química.*
4. *Voy a tener educación física.*
5. *Voy a tener historia.*
6. *Voy a tener física.*
7. *Voy a tener biología.*
8. *Voy a tener álgebra.*

B
1. *terminaron*
2. *trabajó*
3. *preguntó, terminaste*
4. *gritó, informe escolar, vi*
5. *matemáticas, ciencias naturales y español*

6. *inglés* y en *ciencias sociales*
7. *miró*
8. *en el sótano*
9. *encontró*
10. *inglés, ciencias sociales y educación física; ciencia, español y música.*

C
1. *trabajó*   5. *hablaron*
2. *estudiaste*   6. *cantó*
3. *compraron*   7. *bailaron*
4. *visitó*   8. *escuché*

D (Sample responses)

1. *Sí, compré un periódico hoy.*
2. *No, no miré la televisión anoche.*
3. *Sí, estudié la lección de español anoche.*
4. *No, ayer no hablé por teléfono con mis amigos.*
5. *Sí, hoy por la mañana cerré la puerta de mi casa.*
6. *No, el verano pasado no trabajé.*

E
1. *La profesora explicó bien la lección.*
2. *¿Por qué gritó tu mamá?*
3. *Tú tomaste el autobús detrás de tu casa.*
4. *Mis amigos bailaron muy bien.*
5. *El tren pasó delante de mi casa.*
6. *Me gustaron tus zapatos nuevos.*
7. *Uds. caminaron en dirección a la escuela.*
8. *Nosotros usamos los tenedores de plástico.*

F
1. *comieron*   6. *escribí*
2. *bebió*   7. *corrieron*
3. *recibiste*   8. *salió*
4. *vimos*   9. *aprendió*
5. *vendió*

G
1. *Tú jugaste al tenis.*
2. *Mi mamá preparó la carne.*
3. *Él habló por teléfono.*

4. *Uds. trabajaron en el jardín.*
5. *Nosotros corrimos dos millas.*
6. *Mi papá abrió la tienda.*
7. *Ud. cubrió el automóvil.*
8. *Mis primas comieron pan con queso.*
9. *Mi tía escuchó discos.*
10. *Mis hermanos salieron al parque.*

H
1. *Tú no jugaste al tenis.*
2. *Mi mamá no preparó la carne.*
3. *Él no habló por teléfono*
4. *Uds. no trabajaron en el jardín.*
5. *Nosotros no corrimos dos millas.*
6. *Mi papá no abrió la tienda.*
7. *Ud. no cubrió el automóvil.*
8. *Mis primas no comieron pan con queso.*
9. *Mi tía no escuchó discos.*
10. *Mis hermanos no salieron al parque.*

I
1. *Salí de mi casa a las ocho de la mañana.*
2. *Uds. escribieron una composición en español.*
3. *Nosotros saludamos a nuestros amigos.*
4. *Tú aceptaste mi explicación.*
5. *Rosita vivió en la ciudad de México.*
6. *Ellos bebieron mucho café.*
7. *Mis hermanitas gritaron por la noche.*
8. *Nosotros comimos a las seis y después estudiamos.*
9. *Tú visitaste a tus amigos y después saliste con ellos.*
10. *La actriz cantó y bailó muy bien.*

J
1. *El profesor abrió la puerta a las ocho y cuarto de la mañana.*
2. *Aprendimos palabras nuevas en español.*
3. *Los alumnos escribieron en la pizarra.*
4. *Manuel cerró todas las ventanas.*
5. *Comí una hamburguesa en la cafetería.*
6. *Mis amigos bebieron jugo de naranja.*
7. *Usted estudió para un examen.*
8. *Él vio una película mexicana.*

9. *María usó el diccionario del profesor.*
10. *Salimos de la escuela a las tres de la tarde.*

Preguntas personales (Sample responses)

1. *Tengo español, inglés, matemáticas, ciencias sociales y biología.*
2. *Aprendí ciencia, matemáticas y música.*
3. *Vi el programa «Sesenta Minutos».*
4. *Ayer salí de la escuela a las dos y media.*
5. *Recibí una chaqueta nueva.*

Diálogo (Sample responses)

¿Ya terminaste las clases?
Sí, mamá. Mira mis notas.
¿Es éste tu informe escolar?
    Nunca vi notas tan horribles.
No comprendí bien las asignaturas.
¿Por qué sacaste solamente 65 en inglés?
No estudié bastante.
¿Qué vas a hacer para sacar mejores notas?
Voy a estudiar más el próximo año.

Información personal

(Variable)

Key to *Cuaderno* Exercises

A
1. *Anoche tú miraste la televisión, comiste un sandwich y saliste de la casa.*
2. *Anoche mis padres miraron la televisión, comieron un sandwich y salieron de la casa.*
3. *Anoche nosotros miramos la televisión, comimos un sandwich y salimos de la casa.*
4. *Anoche ellas miraron la televisión, comieron un sandwich y salieron de la casa.*
5. *Anoche Ud. miró la televisión, comió un sandwich y salió de la casa.*
6. *Anoche Uds. miraron la televisión, comieron un sandwich y salieron de la casa.*
7. *Anoche tú y yo miramos la televisión, comimos un sandwich y salimos de la casa.*
8. *Anoche Elena y Mirta miraron la televisión, comieron un sandwich y salieron de la casa.*
9. *Anoche mi abuelo miró la televisión, comió un sandwich y salió de la casa.*
10. *Anoche él miró la televisión, comió un sandwich y salió de la casa.*

B
1. *Ud. contó el dinero.*
2. *Tú viviste en la ciudad.*
3. *Ellos llegaron tarde.*
4. *Él recibió el premio.*
5. *Los niños comieron la fruta.*
6. *Yo bebí el café.*
7. *Francisca salió temprano.*
8. *Uds. celebraron la fiesta.*
9. *El perro corrió rápidamente.*
10. *Nosotros hablamos con el niño.*

C   (Sample responses)

1. *El profesor perdió su diccionario.*
2. *Los alumnos estudiaron la lección.*
3. *Ella recibió la carta.*
4. *Uds. bebieron mucho jugo.*
5. *Las muchachas bailaron salsa.*
6. *Nosotros cubrimos la ventana.*
7. *Yo vendí mi bicicleta.*
8. *El policía llegó tarde a la tienda.*
9. *Ud. y yo salimos de la biblioteca.*
10. *Tú miraste la foto.*

D 1. *ciencias sociales* 7. *geometría*
    2. *español*   *(matemáticas)*
    3. *música* 8. *química*
    4. *arte* 9. *educación física*
    5. *inglés* 10. *trabajos manuales*
    6. *biología*

E (Sample responses)

Lázaro.–Hola, Elena. ¿Adónde vas ahora?
Elena.–*Voy a mi clase de español.*

Lázaro.–¿Quién es tu profesor de español?
Elena.–*Es el profesor Ramírez. Es muy simpático y enseña muy bien.*
Lázaro.–Estás nerviosa. ¿Por qué?
Elena.–*Porque tengo un examen hoy y anoche estudié mucho.*
Lázaro.–Todo va a ir bien. Buena suerte en el examen.
Elena.–*Muchas gracias. Hasta luego.*

Quiz 24

A. Change the following sentences from the present to the preterite:

1. Yo hablo con mis padres.

   _____

2. Tú bebes una soda.

   _____

3. ¿Vive usted en la Florida?

   _____

4. Pepe trabaja mucho.

   _____

5. Ana corre en el parque.

   _____

6. ¿Reciben ustedes muchas cartas?

   _____

7. Luis y Pedro viajan a México.

_____

8. Las alumnas comprenden la lección.

_____

9. Manuel y su hermana abren la puerta.

_____

10. El camarero cubre la mesa.

_____

B. El informe escolar bilingüe

Supply the Spanish equivalents for the subjects appearing in English:

1. English	_____	8
2. Science	_____	8
3. Chemistry	_____	7
4. Spanish	_____	9
5. Music	_____	9
6. Social Studies	_____	6
7. Mathematics	_____	8
8. Physical Education	_____	7
9. Shop	_____	9
10. Art	_____	8

Key to Quiz 24

A
1. *Yo hablé con mis padres.*
2. *Tú bebiste una soda.*
3. *¿Vivió usted en la Florida?*
4. *Pepe trabajó mucho.*
5. *Ana corrió en el parque.*
6. *¿Recibieron ustedes muchas cartas?*
7. *Luis y Pedro viajaron a México.*

8. *Las alumnas comprendieron la lección.*
9. *Manuel y su hermana abrieron la puerta.*
10. *El camarero cubrió la mesa.*

B
1. *inglés*	6. *ciencias sociales*
2. *ciencia*	7. *matemáticas*
3. *química*	8. *educación física*
4. *español*	9. *trabajos manuales*
5. *música*	10. *arte*

Repaso VI (Lecciones 21-24)

Key to *Actividades*

A
1. *jugaron*	5. *compró*
2. *preparó*	6. *comí*
3. *subió*	7. *corrieron*
4. *salimos*	8. *viajó*

B

```
        S U É T E R
      G U A N T E S
    A B R I G O
        F A L D A
        T R A J E
    V E S T I D O
    Z A P A T O S
  P A N T A L O N E S
        B L U S A
      C A L C E T I N E S
      CH A Q U E T A
      C I N T U R Ó N
        C O R B A T A
      S O M B R E R O
```

Solución: *UN GATITO BLANCO*

C

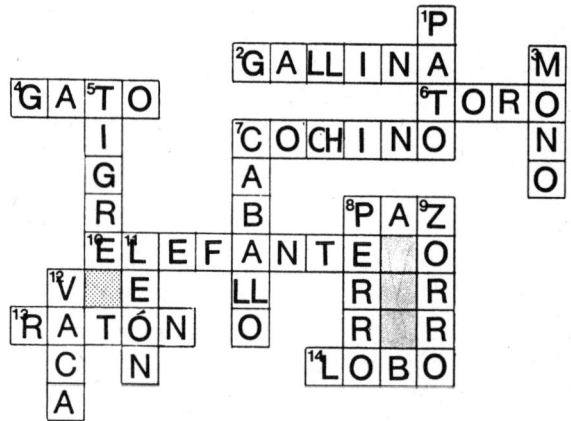

D

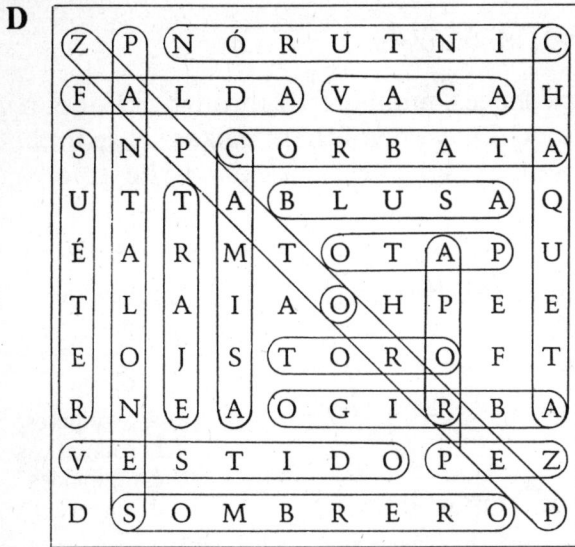

```
Z P N Ó R U T N I C
F A L D A V A C A H
S N P C O R B A T A
U T T A B L U S A Q
É A R M T O T A P U
T L A I A O H P E E
E O J S T O R O F T
R N E A O G I R B A
V E S T I D O P E Z
D S O M B R E R O P
```

CINTURÓN   ZAPATO
FALDA   BLUSA
SUÉTER   ABRIGO
CHAQUETA   ROPA
VESTIDO   VACA
SOMBRERO   PEZ
PANTALONES   TORO
TRAJE   PATO
CAMISA   PERRO
CORBATA

E

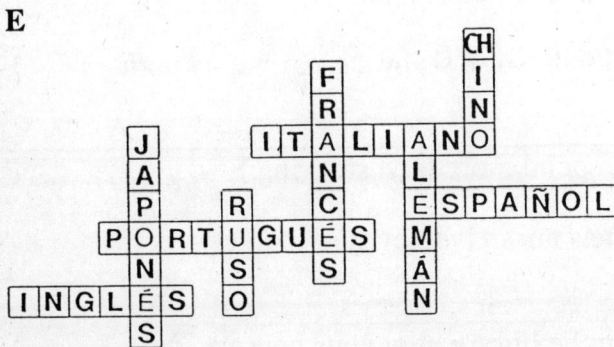

F

ALEMANIA

ESTADOS UNIDOS

BRASIL

HAITI

PORTUGAL

ESPAÑA

Solución:

PAÍSES DEL MUNDO

G
1. a	3. b	5. a	7. a	9. c
2. b	4. b	6. d	8. b	10. d

H En muchos países del *mundo* hay cuatro estaciones: la *primavera*, el *verano*, el *otoño* y el *invierno*. La *ropa* que usamos depende de la estación. Cuando hace *frío,* usamos un *abrigo*, un *suéter* o una *chaqueta* y *guantes.* Cuando hace *calor* no usamos mucha *ropa.* Las muchachas llevan un *vestido* y los *muchachos* llevan una *camisa* o una *camiseta* y *pantalones cortos.* En muchos países tropicales, como las *islas* del Caribe, nunca hace *frío;* siempre brilla el *sol.* Hay *flores* tropicales, *palmeras* y brisas del *mar.* Las *playas* son magníficas y las personas llevan *trajes de baño* para nadar. ¡Vamos a tomar el próximo *avión* para ir a una *isla* tropical!

Unit Test 6 (Lessons 21-24)

A. The following reading passage contains five blank spaces, numbered 1 through 5. For each blank space, four possible completions are provided. Only one of them makes sense in the context of the passage. Choose the completion that makes the best sense and write its letter in the space provided:

Hoy en día hay más de tres mil idiomas en el mundo. Generalmente, cada país tiene un idioma _(1)_. En España, por ejemplo, el idioma oficial es el español o castellano, pero hay también lenguas _(2)_: el catalán, el gallego y el vascuense.

En muchos países hay más de dos idiomas importantes. En algunos _(3)_ de nuestro país hay programas de radio y televisión, periódicos y revistas en español y también cines con películas en español. Millones de personas usan el idioma español en su _(4)_ diaria.

El español es uno de los seis idiomas oficiales de las Naciones Unidas. Es obvio que el español es un idioma _(5)_.

____ (1) a. general
b. popular
c. moderno
d. oficial

____ (2) a. excelentes
b. románticas
c. regionales
d. misteriosas

____ (3) a. estados
b. cursos
c. libros
d. aeropuertos

____ (4) a. clase
b. escuela
c. vida
d. música

____ (5) a. nacional
b. diferente
c. europeo
d. internacional

B. Dialogo

Two students are discussing school matters. Take the part of Ángel:

Diego: – Mi clase de Álgebra es bastante difícil. No sé si voy a sacar buena nota.

Ángel: – _____
(Tell him that he has to spend more time studying.)

Diego: – Yo sé, pero en mi casa mis hermanas miran la televisión todo el día.

Ángel: – _____
(Suggest that he study in the library or at your house.)

Diego: – Muchas gracias, pero creo que necesito ayuda.

Ángel: – _____
(Tell him about help after school.)

Diego: – Me gusta la idea. Voy mañana. ¿Tienes problemas con tus clases?

Ángel: – _____
(Say that everything is going well and that you hope to get a 90 in Spanish.)

Diego: – ¡Fantástico! Eres un estudiante estupendo.

Ángel: – _____
(Tell him that it's not difficult to get high marks if he studies hard and does his homework every day.)

C. Situations. Write an appropriate response in Spanish for the following situations:

1. Rosita está en una tienda de ropa.

El empleado dice: – Buenas tardes, señorita. ¿En qué puedo servirle?

Rosita contesta:

– _____

2. Paquito y su mamá visitan el parque zoológico.
El niño dice: – ¡Ay, qué animal tan grande!

La mamá responde:

– _____

3. En tu calle vive una familia nueva que es de Cuba.

Tú ves a uno de los hijos y le preguntas:

– _____

4. Por fin terminaron las clases. Tienes dos meses de vacaciones.

   Ves a un compañero de clases y le dices:

   — _____

5. Llegas a casa con tu informe escolar. Recibiste noventa en todas las asignaturas y setenta en ciencias.

   Tu mamá te dice:

   — _____

D. Reading comprehension. Multiple choice (Spanish)

SERVICIO RÁPIDO DE REPARACIÓN

TODOS LOS TIPOS DE
REFRIGERADORES, LAVADORAS,
SECADORAS Y ESTUFAS
Calle José Artigas 49 Teléf.7-25-38

1. Los mecánicos de esta compañía trabajan en ___

   a. la sala.
   b. el dormitorio.
   c. la cocina.
   d. el baño.

TIENDA «LA BELLA BORICUA»
Av. Roosevelt, 36, San Juan
Tel.:(809)555-5806
**Juguetes, piñatas, globos,
artículos para fiesta y
materiales escolares.**

2. La Tienda «La Bella Boricua» vende artículos para ___

   a. niños.
   b. mujeres.
   c. hombres de negocios.
   d. estudiantes de idiomas.

**ESTE INVIERNO VIAJE A COSTA RICA
EN LOS AVIONES DE LA
COMPAÑÍA COSTARRICENSE
DE AVIACIÓN**
Reservaciones al: (212)555-9900
Vuelos: lunes y jueves.

3. Este anuncio es de ___

   a. una universidad.
   b. un abogado.
   c. una línea aérea.
   d. un vendedor de autos.

COCHES «LA SIN RIVAL»
COCHES EUROPEOS Y NORTEAMERICANOS
Modesto Lafuente 25, Madrid
Teléfono: 25 54 14
*(PREGUNTE SOBRE NUESTRO
PLAN DE CRÉDITO)*

RESTAURANTE
«LA PRIMERA DE HIALEAH»
**ARROZ CON FRIJOLES Y OTROS
PLATOS CUBANOS Y ESPAÑOLES**
Calle 11 esquina a 8
(305)555-8765
Disfrute de nuestras noches musicales:
Lunes: Orquesta de Tangos «Los Gauchos»
Martes y miércoles: «Los Bárbaros de la Cumbia»
Jueves y viernes: «Pulula y sus Guaracheros»
Sábados: «Ricardo El Roquero y sus Nicas»
Domingos: El piano mágico de Gustavo Hernández

4. La compañía «La Sin Rival» tiene planes especiales para ___
   a. personas que no hablan español.
   b. personas que no tienen otros creditos.
   c. madres de niños pequeños.
   d. profesores.

5. En «La Primera de Hialeah» hay música ___
   a. lunes y domingos.
   b. los fines de semana.
   c. todas las mañanas
   d. todas las noches.

E. Composition. Write a story (8-10 sentences) about the situation shown in the picture below:

_____

_____

_____

_____

_____

_____

_____

_____

_____

_____

F. Culture Quiz. Complete the following sentences dealing with Hispanic culture:

1. Ice-cold shakes made from tropical fruits are called _____.

2. An ending attached to Spanish nouns that adds affection or expresses the feeling of

    small size is _____.

3. The ending **-ón** added to **hombre** results in the Spanish noun _____.

4. The Spanish word for kitten is _____.

    The Spanish word for puppy is _____.

5. The official language of Spain is _____.

6. An ancient language of Spain unrelated to any other on earth is _____.

7. The State of Colorado is named after the color _____.

8. Two cities in California named after "the Angels" and "St.Francis" are

    _____ and _____.

9. The name of the State of _____ means

"snow-covered."

10. Three every-day foods that have names derived from Spanish are

_____, _____, and _____.

Key to Unit Test 6

A 1. *d*   2. *c*   3. *a*   4. *c*   5. *d*

B (Sample responses)

Diego: − Mi clase de Álgebra es bastante difícil. No sé si voy a sacar buena nota.

Ángel: − *Tienes que pasar más tiempo estudiando.*

Diego: − Yo sé, pero en mi casa mis hermanas miran la televisión todo el día.

Ángel: − *¿Por qué no estudias en la biblioteca o en mi casa?*

Diego: − Muchas gracias, pero creo que necesito ayuda.

Ángel: − *Es posible recibir ayuda después de las clases.*

Diego: − Me gusta la idea. Voy mañana. ¿Tienes problemas con tus clases?

Ángel: − *No, no tengo problemas. Espero sacar noventa en español.*

Diego: − ¡Fantástico! Eres un estudiante estupendo.

Ángel: − *No es difícil sacar buenas notas si estudias mucho y haces la tarea todos los días.*

C (Sample responses)

1. *Necesito un vestido y un par de zapatos.*
2. *Es un elefante: un animal muy bueno e inteligente.*

3. *¡Hola, chico! ¿Eres cubano?*
4. *Ahora vamos a divertirnos.*
5. *Esas notas son muy buenas, pero, ¿qué te pasó en ciencias?*

D 1. *c*   2. *a*   3. *c*   4. *b*   5. *d*

E *Sandra va a una fiesta el sábado por la noche. Es la fiesta de cumpleaños de Ana María y los muchachos y muchachas de la escuela van a estar allí. Sandra quiere comprar ropa nueva. Habla con su mamá y las dos van a la tienda de ropa. En la tienda, la vendedora le muestra vestidos, blusas, faldas y otra ropa nueva a Sandra y a su mamá. La mamá de Sandra mira un vestido, pero Sandra prefiere comprar su propia ropa para la fiesta.*

F
1. *batidos*
2. *-ito/-ita*
3. *hombrón*
4. *gatito   perrito*
5. *el español*
6. *el vascuense (el vasco)*
7. *red*
8. *Los Ángeles* and *San Francisco*
9. *Nevada*
10. *chocolate, potato,* and *tomato*

Key to *Achievement Test II* (Lessons 13-24)

1
1. *la mano*   4. *el pollo*
2. *la playa*   5. *el corazón*
3. *la isla*   6. *el cinturón*

    7. *los zapatos*   12. *el pez*
    8. *el queso*   13. *el reloj*
    9. *el sol*   14. *los huevos (fritos)*
   10. *los dientes*   15. *el caballo*
   11. *el cochino*

2   1. *tengo*   11. *hace*
      2. *Tienen*   12. *hago*
      3. *tiene*   13. *dice*
      4. *va*   14. *decimos*
      5. *vamos*   15. *digo*
      6. *voy*   16. *gusta*
      7. *quieres*   17. *gustan*
      8. *quieren*   18. *gusta*
      9. *quiero*   19. *gusta*
   10. *Hace*   20. *hay*

3   1. *compré*   9. *abrieron*
      2. *aprendió* 10. *escuché*
      3. *recibimos* 11. *vivió*
      4. *trabajaron* 12. *cantó*
      5. *salieron*   13. *comió*
      6. *vendí*   14. *escribimos*
      7. *visitaste* 15. *Bebió*
      8. *vimos*

4   1. *En*   6. *Delante de*
      2. *Debajo del* 7. *cerca de*
      3. *Alrededor de* 8. *lejos de*
      4. *por*   9. *sobre*
      5. *detrás de*   10. *Al lado de*

5   1. *Hace mal tiempo./Llueve.*
      2. *Hace viento.*
      3. *Hace sol./Hace calor.*
      4. *Hace frío.*
      5. *Nieva.*
      6. *Hace buen tiempo.*
      7. *Hace fresco.*
      8. *Hace buen tiempo.*

    9. *Llueve.*
   10. *Hace sol./Hace calor.*

6   1. *once*   6. *sesenta y seis*
      2. *trece*   7. *setenta y tres*
      3. *treinta*   8. *ochenta y ocho*
      4. *quince*   9. *noventa y cinco*
      5. *cincuenta* 10. *cien*

7   1. *nuestros* 6. *su*
      2. *mis*   7. *tus*
      3. *su*   8. *su*
      4. *tu*   9. *su*
      5. *sus*   10. *mis*

8   Listening Comprehension

a. Multiple Choice (English)

Procedure: Instruct students to read the directions. Then say: "I will now read a passage in Spanish. Before the passage, I will give you some background information in English. Then I will read the Spanish passage twice. Listen carefully. After the passage, I will read a question in English. This question is also printed in your book. Look at the question and the four suggested answers in your book. Choose the best answer and write its letter in the space provided. Do not read the question and answers while listening to the passage. I will now begin."

A Spanish TV documentary is describing current weather conditions in Madrid:

Esta estación es muy bonita aquí. No hace mucho calor ni mucho frío. Generalmente hace buen tiempo. A veces llueve y hace viento, pero es la estación de las flores. La fiesta más importante durante estos meses es la Pascua Florida.

What season is being described? *(KEY: 1)*

b. Multiple Choice (Spanish)

Procedure: Instruct students to read the directions. Then say: "I will now read a passage in Spanish. Before the passage, I will give you some background information in English. Then I will read the Spanish passage twice. Listen carefully. After the passage, I will read a question in Spanish. This question is also printed in your book. Look at the question and the four suggested answers in your book. Choose the best answer and write its letter in the space provided. Do not read the question and answers while listening to the passage. I will now begin."

You are visiting an uncle in Buenos Aires, Argentina. He is describing his job to you:

Me gusta mucho mi trabajo, pero no es fácil. Siempre hay muchas personas en la tienda y trabajo desde las ocho de la mañana hasta las siete de la noche. A las cinco de la tarde siempre estoy muy cansado.

¿Cuál es la profesión de tu tío? *(KEY: 3)*

c. Multiple Choice (Visual)

Procedure: Instruct students to read the directions: Then say: "I will now read a short passage in Spanish twice. Before the passage, I will give you some background information in English. After the passage I will read a question in English. For this question, the answers are pictures. Choose the picture that best answers the question and write its letter in the space provided. I will now begin."

Pablo vive en una casa muy bonita. Es una casa privada, no muy grande, pero nueva y moderna. A cada lado de la casa hay un árbol grande. Delante de la casa hay un jardín con plantas y flores.

Where does Pablo live? *(KEY: 2)*

9   a: *4*   b: *3*

Key to Culture Quiz

1. *300 million*
2. *Argentina*
3. *tortilla*
4. *Guacamole*
5. *café, coffee*
6. *2.2*
7. *bodega*
8. *smaller*
9. *churros* (or *tostadas*), *leche*
10. *tapas*
11. *9 or 10*
12. *blanco y negro*
13. *un batido*
14. *chocolate*
15. *hero, sub(marine), hoagie*
16. *gallego, catalán* and *vascuense*
17. *jai alai*
18. *ascensor*
19. *patio, rejas*
20. *peso, peseta*
21. *Gómez, Herrera*
22. *shake hands*
23. *San Francisco, Los Ángeles*
24. *day, month*
25. *subway*